この世の役割は「人間塾」

船井幸雄

ビジネス社

まえがき

〜なぜ、「思いが実現」し、「与えるものが受け取るもの」になるのでしょうか？〜

本書は、いま私が最も伝えたいこと、一人でも多くの人に知ってほしいことを、一冊の本に集約したものです。

私は仕事の性格上、世の中のことや現実の動きを、マクロにもミクロにもよく知っている人間だと思います。いやおうなく、知らざるを得ない仕事を、四十年以上続けてきましたし、いまも続けています。

いま七十歳ですが、平均して毎日二〜三時間は経営者業に、数時間以上はコンサルタント業に、そして二時間くらいは講演に費やし、超多忙という生き方をしています。いたって元気、加齢を忘れたのか、疲れ知らずで世界中を飛び回っています。ともかくいやおうなく現実を客観的に知らされる毎日を送っています。

その生活ぶりは、何よりも時間が不足しますので、いつもは朝食は五分前後で終わります。昼食は十年ほど前から摂るのをやめました。夕食は三十分間くらいで終わります。また、いわゆる二次会には行ったことがない…こういう日々を送っている人間です。

睡眠のほうも、夜十時には熟睡しています。朝は三時半に起床、そして出社までは勉強したり原稿を書いたりという人間です。私の生き方のモットーである「あるがまま、なるがまま」に生きてきたのですが、気が付いたらこのような生き方をするようになっていたのです。

ともかく第一線で、現実に地球上で起きている事実を、数多くストレートに知り、それらを客観的にとらえ、他人さまにアドバイスしなければならない仕事を長年していますと、いやおうなしに「世の中のルール」「時流」「人間の正しいあり方」などが、よく分かるようになってしまいました。また、これらのことを知らないと、経営コンサルタントとして責任のとれるアドバイスができませんでしたから、自分の経験から知ること以外に、さらにこれらのことを意識的に、全力をあげて勉強してきました。

このような私からみますと、いま地球と人類は、有史以来の大転換期にさしかかっている、と断言していいように思えます。これは個々の人々はもとより、人類にとってものすごく大変なことなのですが、そのことに、大半の人がほとんど気付いていないようにも思えるのです。

ともかく私としては、現実に起きていること、分かることの中で大事だと思えることを、一人でも多くの人に知ってほしいと思い、本書の原稿を書きはじめました。

本書は、今年（二〇〇三年）の五月中旬から書き始めました。五月中にほぼ脱稿し、本日（六月十五日）に初校を終えました。もちろん、加筆もしました。本書の全文を、今朝から一気に読み返して校正したのですが、少し難しいところもあります。そこで読者の皆様に本書を読む上で、ぜひ知っておいてほしいことを伝えたいと思い、いまペンを走らせています。

その一つは、本書で書かれていることはすべて事実だということです。

第六章で、私が意識で雲を消したり、ガソリンの燃焼効率を三倍にできたなどということを、私の車の運転手や船井総研の小山社長らの証言として述べられていますが、これらは事実ですし、超能力少年といわれた清田益章さんが、スプーンを持ったまま、彼の「思い」だけで何百回も折ったのも事実です。とはいえ世の中には不思議なことなどはありません。すべてに理由がありますし、その理由も分かってきました。

いまの科学では認められないことや、常識人は眉に唾をつけたいようなことが、私の周辺では数多く起きています。たとえば、中国地質大学の孫儲琳さんは、私たちの目の前で、煎ったピーナッツから芽を出しました。私の友人の神坂新太郎さんや森田健さんは、夏、コンクリートの上に三～四時間放置してカラカラになった金魚を、彼らが作った水の中に入れて蘇生させせました。すべて事実です。こうした、一般的に不思議だと思われることは、私の周辺以外でも数多く起きています。

いま必要なのは、これらのことを認め、仮説であってもその理由を考えたり、知ろうとする姿勢だと思います。その意味で、本書と素直にお付き合いをしていただきたいのです。

ところで、私は経営コンサルタントを業としてきました。私の創った経営コンサルタント会社の㈱船井総合研究所は、現在約三〇〇人の経営コンサルタントを擁し、顧問先は五〇〇〇社を超えるまでになりました。連結決算対象の関連会社も三十社くらいあります。

この会社では、顧問先のトップ、経営者を対象に、毎年二回、一月と七月に、二泊三日の経営戦略セミナーを行なってきました。これはいまでは有名なセミナーになりました。

さて、今年（二〇〇三年）七月二十三～二十五日に第六十九回目の「船井流経営戦略セミナー」を行ないます。以下に掲載する三点の図表は、その第一講座（七月二十三日）と第九講座（七月二十四日）の講座テキストのレジュメの一部です。両講座とも、私が担当します。レジュメですから、ポイントだけしか書いていませんが、これがいま、私の言いたいことのポイントです。まずこれをお読みいただいてから、本書をぜひ読んでください。

図表①　第１講座７／23(水)｢これからこうなる､こう対処しよう｣

1.世の中　いま急変中

（１）資本主義は早ければ数年内に／おそくとも2020年までには ｝大変化する可能性が大きい

(理由)資本主義は成熟すればするほど自然の摂理に反するようになり、矛盾が出て地球を破壊し、人間社会にも生きにくさと不調和をもたらす

資本主義成熟の結果	自然の摂理
複雑になる	単純である
ムダ、ムラ、ムリが出てくる ‖ 非効率になる	効率的である
破壊し、不調和をもたらす	調和している
制約を加えねばならなくなる	自由である
秘密がふえる	あけっぱなし
自分中心になる	共生している
人間社会にストレスがふえる	ストレスはない

（２）本当のことが分かってきた。また、本物技術が続出中。
拙著『この世の役割は「人間塾」』(2003年８月　ビジネス社刊)
＝大変革期のいまだから、この本に書いたことはぜひ知ってほしい＝

図表② 大変革時は原則どおり生きよう

（勉強好き、すなお、プラス発想で「前向き」に生きよう）

（1）まず天職発想し、ついで人財を志そう

人間にとってもっとも大事な５つの能力

	サラリーマン人間	天職発想人間	人財	θ波人間
天才的能力	×	×	×	○
プロ的能力	×	○	×	○
運を呼ぶ能力	×	○	○	○
包み込む能力	×	×	○	×
思い実現力	×	○	○	○

人財のポイント
①使命を知る
②自信をもつ
③人を好きになり、至誠で対する
④勇気ある行動をする
⑤プラス発想をする

→『**船井幸雄の人財塾**』
（2003年１月、サンマーク出版刊を参照してください）

（2）できるだけ本物（ついているもの）と付きあおう

（本物を知り、自分と相性のあう本物と付きあおう）

以下は私が、折にふれて愛用しているもの

①摩訶不思議	03－5211－3210	（藤森）→お酒の飲みすぎに
②熊笹エキス	03－3783－1828	（鳳凰堂）→前立腺の正常化に
③ミラクルマット	03－5439－6260	（健幸クラブ）→背骨をまっすぐに
④カリカPS501	092－771－6661	（済度）→よく眠れ頭がすっきり
⑤ホットセラ	03－5765－6831	（サーフセラ）→ベストの風呂に入れる
⑥ラリー	072－277－4311	（原光化学）→回春によいようだ
⑦KOSセット	092－476－0987	（むらつ歯科クリニック）→歯の正常化に
⑧神農	03－5467－3210	（コスミックエナジー）→正常な皮膚に
⑨ペプチドプリマ	096－369－4184	（ペプチドプリマ）→肝臓、腎臓の正常化に
⑩元気の水	096－278－8266	（日本鉱泉）→よい水づくりに
⑪キパワーソルト	03－5483－8839	（いのちの素）→痛風に
⑫長生ドラジ	03－3560－7455	（長生ドラジ普及委員会）→喉の正常化に

（3）長所伸展で生き、短所是正はなるべくやめよう

（4）歯と脊椎を正常にし、健康に生きよう

図表③　第９講座７／24(木)｢経営者が知らねばならない もっとも根元的なこと｣

1. 以下は私が知った正しく上手に生きる根元的なことだが、これらをまず理解してほしい

（１）「全」イコール「個」。すべては根元的には一つというか、つながっている。

（２）すべては「波動」を持っている。したがって、すべての事象は以下の「波動の四つの原理」で説明できる。これがもっとも正しいようだ。
①同じものは引き合う　②違うものは排斥しあう
②フィードバックの原理が成り立つ
③優位の波動は劣位の波動をコントロールできる

（３）地球は閉鎖系、制約だらけ。したがって、地球上のルールは「真の自然の理」ではない。しかし、地球も近未来に開放系にもどり、「真の自然の理」のルールで運用される星になるだろう。

（４）いまは「地の理」＝閉鎖系の地球を運用していたルールの時代から、「真の自然の理」の時代への変革期。すでに「地の理」が、各所で通用しなくなりつつある。

（５）「真の自然の理」の特性は「すばらしいもの」ほど　①単純　②万能　③簡単で誰でもマスターでき　④即効であり　⑤人や自然を癒し、正常化する……というところにある。

（６）人間は「心地よく生きる」のが正しい生き方。

（７）宇宙のすべてのものは「真の自然の理」に、より適応するべく動いている。

（８）人の思いは、もっとも優位の波動になりうる。

（９）最高の経営法や生き方は、以下のようである。
①分かりやすい　②誰でも理解し納得できる　③誰でもすぐ実行できる　④たいていの場合、即時改善でき卓効がある（正常化、蘇生化できる）　⑤実行することにより、幸せになり自分のため人のため世のためになる。

本書をお読みいただきますと、人間にとって最も大切なことと言われている二つのルールがお分かりいただけると思います。

つまり、「思いは実現する」のですから、絶えずプラス発想しようということと、「与えるものは受け取るもの」ですから、できるだけ与えようということが理解でき、実行してもらえると思い、ペンを進めました。

最後に、本書の書名について述べたいと思います。

私は、地球というか、われわれがいま生きている「この世」は、なぜ存在しているのかの研究に、長年取り組んできました。

その答は、人間性を高め、人間の能力をできるだけ開発し、発露させ、楽しく生きる場とするために、「この世」が存在するのだということでした。この世はその意味で、「人間塾」といっていいと思います。

さて、「この世」の役割は今後とも同じでしょうが、いま、この世が大きく変わりつつあります。それらのことを知り、正しい生き方を実行してほしいという思いで綴ったのが本書です。

こうした理由から、本書のタイトルを『この世の役割は「人間塾」』としました。

この「人間塾」を、意義ある素晴らしいものにしようではありませんか。
そういう思いで本書を世に問う著者の意を、ぜひご理解ください。お願いいたします。

二〇〇三年六月十五日

東京・高輪の自宅書斎にて　　　船井幸雄

◆目次◆

第二章
さまざまな出会いで知った「世の中の仕組み」

第三章
近い将来、この世は「楽園」に変えられる

第四章
いま、地球と地球人が変わりつつある

第五章
常識を疑おう！「本物技術は素晴らしい」

第六章
私の仮説「波動」の原理
~これで世の中のすべての現象が説明できる~

［第一章］

人は生まれるとき人生の九十%以上を決めてくる

（Ⅰ）私の過去をほぼ一〇〇％当てたインドの占星学者

驚異の的中率

いまから三年前のことです。

インド人が三人、訪ねてきました。紹介者がいたのですが、忙しい時でしたから、いきなりやって来られたときは一瞬困ったなと思いました。ただ、私の親友の紹介者（「トータルヘルスデザイン」の近藤洋一社長）と一緒だったので、とにかくお会いすることにしました。

それがスブラマニアン・ティルムルガンという占星学者との出会いです。彼が習熟しているのはインドの占星学の中でもいちばん基本になる「起源占星学」だと言っていました。「船井先生、あなたは特別な人のような気がします。だからこの起源占星学で、あなたの過去から未来まで観《み》てみたいのです」

そう言って、私の生年月日、生まれた時間を訊《き》いてきました。それさえ分かれば「誕生チャート」（運命図）ができるというのです。しかし私は、自分の生まれた時刻までは知りません。すると彼は、出生時刻は自分らで計算して出しますからといって、いくつか質問をしてきました。

私の父の男兄弟でいま存命中の人の数、母の女兄弟の生存者数、生きている私の兄弟の数、そんなことを訊かれたように記憶しています。それを基に、三人は十分間ほど計算をして私の生まれた時刻を割り出したのです。

「船井先生、あなたが生まれたのは朝の五時二十五分です」

いきなりそういわれても、私自身、自分の出生時刻を知らないのですから、何とも返事のしようがありません。そこで怪訝な顔をしていると、ティルムルガンさんはこういいました。

「この時刻は間違っていないと思いますので、とりあえずこれであなたのチャートをつくります。それに従ってあなたの過去について申し上げますから、当たっていたら私を信用してください」

それから五分から十分ほどかかってチャートをつくると、まず母の妹、つまり叔母のこと、次には私の娘や息子たちのことをズバリといい当てたのです。

叔母は当時、重い病にかかって私も心配していたのですが、ティルムルガンさんは叔母が病気であることを見抜いたうえで、「心配はありません。病気は治ります」といったのです。実際、叔母はいまでもピンピンしています。

子供たちについては、各人各人の性格や行動のポイントを見事にいい当てました。実際そのとおりなのでびっくりしました。

それで、彼の言うことを真剣に聞きはじめたのです。ティルムルガンさんは私の過去と未来について、いろいろなことをいいました。当然、未来のことは分かりません。だから未来の予言は別にして、過去だけについていえば、彼の指摘は九十九パーセントといっていいほど当たっていました。驚異的な的中率です。

起源占星学は本物のようだと思いましたので、私が主宰している「直感力研究会」と「フナイ・オープンワールド」で、ティルムルガンさんを多くの人に紹介することにしたのです。

起源占星学とは何か

その話に触れる前に、ティルムルガンさんと起源占星学について簡単に紹介をしておきます。

スブラマニアン・ティルムルガンさんは一九五九年生まれですから、現在は四十四歳になります。生まれは南インドのタミール・ナドゥ州で、代々占星学を職業とする家系だといいます。小学生のときから占星学を学びはじめ、正統な流れを汲む占星学の達人ビィメーサ・ウッリャウレヤ師に師事、大学では占星学のマスター・コースで研鑽を積んでいます。インドだけではなく、世界各地で多くの人の運命を鑑定したようですが、その数は延べ十万人にも上るそうです。

　起源占星学ではまず、誕生日と出生時刻をベースにしてその人の天宮図を描き、次に誕生チャート（運命図）をつくります。

　天宮図を見て、その人が生まれた時刻に東の空に昇っていた星座がその人の「魂」を表し、月が入っていく星座が「肉体」を表すといいます。魂の星座と肉体の星座、そして出

図表①

6 ラーフ （魚座）	7 木星 （牡羊座）	8 （牡牛座）	9 （双子座）
5 （水瓶座）			10 月 （蟹座）
4 （山羊座）			11 金星 火星 水星 太陽 （獅子座）
3 （射手座）	2 土星 （蠍座）	1 （天秤座）	12 ケードゥ （乙女座）

生時刻を支配していた惑星がその人の運命の基本情報になるそうです。

起源占星学はこうしたデータを基にして、「十二の部屋」をつくります（図表①参照）。これが誕生チャートになります。そして生年月日と出生時刻に基づいて、まずその人の「魂の部屋」が十二の部屋のどこに当たるか、それを探り出します。そのほか、どんな性質の惑星がどの部屋に入っているか、それを順々に観ていって、その人の運命を言い当てるのです。

起源占星学の原理を解説するのは簡単ではありません。以上は、起源占星学をイメージしていただくために、ざっとそのアウトラインを記しただけです。起源占星学の詳細については佐藤彰紘・佐藤友映夫妻の共著『あなたはなぜ生まれてきたのか』（ビジネス社刊）を参照していただきたいと思います。佐藤彰紘さんは会社法の分野ではとても著名な弁護士で、友映夫人は明るく行動的な女性社長です。おふたりともティルムルガンさんに就いて起源占星学の研究をしています。

ティルムルガンさんの起源占星学について私の率直な感想を述べれば、学問というか一つの体系に則った、きわめて由緒正しい占星学だと思います。数学的な方法を活かして人の運命を見事に読み解いているからです。その意味では、起源占星学はれっきとした科学だといっていいでしょう。よくある当ったり外れたりする占いなどとはまるで性質が違います。

たしかに人の運命を一〇〇%言い当てたり、完璧に予測することは不可能かもしれません。しかしこの起源占星学は私の過去をほぼ完全に当てたのです。私の知人の多くがティルムルガンさんに診《み》てもらいましたが、一〇〇%の的中はあり得ないにしても、九十数%以上はいい当てることができるといってもいいと思いました。

それが私の実感です。

家族、健康、経済、危機……すべてを観る

宇宙には何か「大きな意志」が働いていると思います。私と特に親しい筑波大学の村上和雄名誉教授は、その源を「サムシング・グレート」と名づけて、次のように話しています。

《人は、「生きる」などと簡単にいいますが、自分の力だけで生きている人は地球上にはひとりもいません。私は遺伝子暗号の解読の研究をしていて、それを可能にした画期的技術の素晴らしさに夢中になっていました。しかし、ある時もっとすごいことに気づきました。それは、万巻の書物に匹敵する遺伝子暗号が極微の空間に書き込まれており、それが

一分一秒の休みもなく、生きるという目的のために正確に解読されているという事実です。これを可能にしているのは人間の知恵や工夫ではなく、大自然の偉大な力（サムシング・グレート）です。この事実を本当に理解できれば、素晴らしい人生が開けるのではないかと思っています》

私もまったく同感です。村上さんのいう「サムシング・グレート」という大きな意志を読み解ければ、私たちの運命も分かるはずなのです。そうした読解法のひとつが起源占星学ともいえそうなのです。

ティルムルガンさんの起源占星学は「大きな意志」を読み解いて、過去や未来のさまざまな運命をいい当てます。私も実際に体験したことですが、その解読は文字どおり微に入り細をうがっています。十二の部屋からなる誕生チャートは、それぞれの部屋を仔細に観ることによって、その人の過去や未来について教えてくれるというのです。

十二の部屋と、それが指し示す内容は次のとおりです。

・第一の部屋：人生全体について。
・第二の部屋：家族、家庭、暮らし、生活について。
・第三の部屋：兄弟について。
・第四の部屋：仕事、教育、財産について。

・第五の部屋：子供、母とその兄弟について。
・第六の部屋：体、健康、経済について。
・第七の部屋：結婚、配偶者について。
・第八の部屋：危険性、敵、事故などの問題について。
・第九の部屋：父とその兄弟について。
・第十の部屋：人生の恵み、発展、繁栄について。
・第十一の部屋：利益について。
・第十二の部屋：神からの祝福と生まれ変わりについて。

まさに人生全般にわたる問題を網羅しています。いや、網羅しているだけではありません。私の場合、これらすべてについてティルムルガンさんの指摘は過去についてはほとんどすべて当たっているのです。もちろん未来の予測については、その時点では分かりません。しかし、少なくとも過去については九十数%いい当てられたといえるのです。

ティルムルガンさんの個人セッション

そこで私は、前述したように「フナイ・オープンワールド」と「直感力研究会」の特別講師としてスブラマニアン・ティルムルガンさんを招きました。彼は起源占星学の手法についてとうとうと説明してくれました。

フナイ・オープンワールドのセミナーは参加者が非常に多いので無理でしたが、直感力研究会のほうは五十人ほどの小さな集まりですから、出席者の中から希望者を四人募って、彼らのチャートをつくってもらいました。そして過去から未来に至る運命を観てもらったのです。四人が四人とも、かなりの確度で当たったたと驚いていました。的中率九十数％以上というのは私の場合だけではなかったのです。

それを見ていた研究会のメンバーは後日、三十人ほどがティルムルガンの「個人セッション」に行ったそうです。五十人のうちの三十人ですから、かなりの人が起源占星学に興味をもったことになります。

個人セッションでは一人ひとりに十分な時間をとって、相談者の運命を観てくれます。マン・ツー・マンでの運命解読ですから、値段はやはり安くはありません。一時間で四万五〇〇〇円だといっていました。一時間半なら六万五〇〇〇円とのことでした。

ただし、ティルムルガンさんの回答を録音したテープをもらえますから、何度でも繰り返して聞くことができます。面談時にはあまり興味がなくて聞き流してしまった事柄についても改めて聞き直すことができますから、テープはなかなか役に立ちます。

それにしても相談者に回答の録音テープを渡すというのは、自らの占星手法によほど自信があることを物語っています。未来についての解読が当たったかどうか、テープは後々まで証拠として残るわけですから、凡庸な金儲け主義の易者や占い師にはとても真似のできることではありません。

過去は九十数%当てられる

ティルムルガンさんの回答が大きくハズレてしまったこともあります。私の知人である女性のケースです。

彼女は私から起源占星学のことを聞くと、そのころ思い悩んでいた「結婚」について観てもらいたいといい出したのです。そこで私は、彼女をティルムルガンさんのところへ連れて行きました。彼女は「結婚はいつか」「相手はどんな男性か」「子供はいつできるか」といったことを中心にチャートをつくって観てもらったのですが、それが見事にハズレてしまったのです。一昨年のことです。

ひとつだけ例を挙げます。ティルムルガンはこういいました。「あなたは来年結婚して、暮れまでには男の子ができるはずです」。それを聞いて、彼女はもう飛び上がらんばかりに喜んでいたのですが、年が明け、去年が押し詰まっても、ついに結婚はしませんでした。もちろん子供も生まれていません。

そこで私は、起源占星学といってもなかなか百発百中というわけにはいかないものだなと思っていたところ、昨年（二〇〇二年）の暮れ、ティルムルガンさんがまた訪ねてきたのです。今度は、『あなたはなぜ生まれてきたのか』の著者である佐藤さん夫妻と一緒でした。

「今日は船井先生に謝りにきました。この前、あなたの紹介の女性の運命を読み違ってしまったからです。その理由が分かりましたので聞いてください。それからもうひとつ、先生に非常に重要なことをお伝えしたいと思いますので、きょうはお時間をいただいたのです」

ティルムルガンさんはそう言って二時間ばかり話して帰りました。

二番目に言った「重要なこと」というのは、二〇〇三年、つまり今年の六月以降、私に新しい運命が開けるといった内容の予言でした。もっといえば、私にはなすべき今生の使命があり、それ以降、その実行のために進むだろうといった予言です。そして顕著な変化が六月中に私の身の上にあるというのです。それが何かもいってくれました。ただし、原稿執筆中の現在はまだその時期が来ていませんので、詳しいコメントは差し控えておきます（この本が刊行されるころにはその予言が当たったか否かが明らかにできるはずです）。

そこで最初の「読み違い」のほうですが、私の紹介した女性については私のチャートも調べるべきだったというのです。その後、私のチャートを調べていて、私とその女性の過去生の関係にも気づいたようで、それで判断の間違ったことを知ったということです。

間違いに気づいたティルムルガンさんは、さらに佐藤彰紘さんと私のチャートを照合して、さらに詳しくチェックしてみたといいます。それで私の使命がはっきりしたといいました。そういって部厚い厚さの私についての資料を見せてくれました。

その資料によると、私の今生の「カルマ」は六月中にすべて消えるとのことでした。周知のようにカルマというのは、サンスクリット語です。漢字で書けば「業《ごう》」のことです。前世で起こした良心に反する行いを意味します。反対に、よい行いは「ダルマ」と呼ばれています。

私には今年六月中にそのカルマがなくなるというのです。だからこそ、この時点から新しい運命が開けるというのですが、たのしみにしています。

このように過去のことを九十数%以上の確度でいい当てる人がいるのです。それは私が身をもって体験したとおりです。

では、未来はどうなのでしょうか。ティルムルガンさんは将来のことも正しく予言できるといっています。佐藤さん夫妻の本の中にも、将来の出来事を的中させた例はいろいろ紹介されています。佐藤彰紘さんは前述の著書『あなたはなぜ生まれてきたのか』の中で、《人は、今生の生まれにおいて体験することを予《あらかじ》め自分でシナリオに書いて誕生し、そのとおりに体験する》と書いていますが、私もいま九十パーセントくらいはそのとおりのようだと思いつつあります。

(Ⅱ)「六爻占術」で大金持ちになった真理研究家

六爻占術との出合い

「未来は決まっている」と断言する人に、私の友人の森田健さんがいます。

森田さんの本業はソフト会社の社長で、素晴らしい経営者ですが、一方「不思議研究所」の主宰者で、私との共著も三冊あります。『不思議の科学』(角川書店発売)と題する三巻本です。このほか、不思議研究所は『不思議の友』という会員誌(既刊は九冊です)

を刊行したり、インターネット上にとてもおもしろいホームページ（http://fushigi.accnet.co.jp/menu.asp）を載せたりと、大変ユニークな活動をしています。

森田さんは不思議現象を訪ねて世界各国を回っていますが、中国では彼が「トラさん」と呼んでいる考古学者と知り合いました。森田さんから聞いたトラさんのプロフィールは次のとおりです。「一九六二年、中国山西省生まれ。山西大学を卒業後、政府の考古学研究所で研究に従事。そのかたわら予知の勉強もはじめる」

トラさんの経歴はどこか森田さんに似たところがあるように思います。それでふたりは気が合うのでしょう、しばしば連れ立って中国各地を歩いているようです。そんなあるとき、トラさんがチベットにある古代中国の遺跡の中から「六爻占術《ろっこうせんじゅつ》」の古文書を見つけ出したのです。トラさんがそれを使って友だちの運勢を占ってみると、怖いくらい当たったといいます。

それからトラさんは六爻占術の研究に没頭し、その成果を一冊の本にまとめました（訳書は不思議研究所刊『六爻占術テキスト』全二巻）。その本の中で彼はこう書いています。《私は考古学関係の仕事をしています。そして生まれつき強い好奇心をもち、不思議な世界にも強い興味をもっています。考古学の研究はたびたび古代の占いにも触れるため、それを解明するために多くの文献を読み、知らないうちに占いの方法を身につけていました。

たまに冗談半分で友だちに占いをしたら、意外にも何回か当たりました。一度や二度なら偶然と思うかもしれませんが、何回も当たったので、私も興味をもって占いをもっと深く研究しました。そうすると古代の本にも不合理な部分があることを発見して、実践での心得をまとめて、やっと占いの真髄に達することができました》

やがてトラさんの友人である森田さんも、この六爻占術を会得するに至ったのです。

未来をコインで占う

六爻占術とは、簡単に言えば三枚のコインを六回振って「陰」の出目を見て、それで未来を知るという占いです。陰と陽は、コインの裏表に対応します。

出目は、たとえばこんなふうに書くそうです。

六回目：裏1／五回目：裏2／四回目：裏1／三回目：裏1／二回目：裏3／一回目：裏0。

つまり下から上へ、初爻（一回目）から六爻（六回目）までの出目を記します。その出目に占い日から弾き出した「兄弟」「妻財」「子孫」などといった卦《け》を加味して、占いの結果を観るわけです。

トラさんは『六爻占術テキスト』の中でこう書いています。

《私の研究している六爻占術の使用範囲はとても広く、天気・地震・農業・商売・人生の吉凶・進学試験・結婚・仕事・出産・病気・修行・尋ね人・スポーツの試合・株・金運・旅行の安否・夢あわせ・吉日の選定・動物・宇宙探索・家の風水など、いろいろの面に触れ、生活全般にわたって重要な役目を果たしてくれます》

人生万般にわたって未来が分かるというのですから、私でもちょっと試してみたくなります。

ただし中国の占術ですから、子、丑、寅、卯、辰、巳……といった「十二支」や、木、火、土、金、水といった「五行」（五行については後述）を複雑に組み合わせる必要があります。素人では、そう簡単にはできないようです。

そこで森田さんがつくったのが「六爻占術ソフト」です。税込み一万五〇〇〇円で、不思議研究所から売り出されています。パソコンの画面に初爻から順に出目の裏の枚数を入力して「結果」の項目をクリックすると、簡単に卦が出ますので面倒な計算は不要になりました。

六爻占術で大当たり

一昨年（二〇〇一年）の秋、森田さんはこの六爻占術を使って株を買ってみたのです。コインを振っていくつかの銘柄を占うと、こんな結果が出たそうです。

・ソニー＝上がるけれども、それほどは儲からない。
・NTTドコモ＝上がるけれども、それほど儲からない。
・当時注目されていたある衣服流通業＝上がらない。下がるのみ。
・ニッセン＝すごく上がる。

当然、ニッセンの株を買おうと彼は思いました。ニッセンは通信販売の会社です。ところが、『会社四季報』を見ると、ニッセンの会社概要について次のように書かれていたというのです。

〈【減収減益】単価値下りと冬物カタログ商戦に期待できず、下期は営業収支トントン。通期では上期利益に為替差益を上乗せ程度。単体繰損二億円は一掃だが、無配〉

これではだれでも躊躇《ちゅうちょ》してしまいます。しかし、森田さんが信じている六爻占術では「すごく上がる」と出ているのです。十月十八日、森田さんは意を決して、三六〇円の指《さし》値《ね》でニッセンの株を一〇〇〇株買いました。

ところがその日以降、ニッセンの株価は下がり続けてしまいます。下がる一方です。当時の心境について森田さんは『不思議の友』（第八号）の中でこう記しています。

〈私はここで決心しました。コインに勝負を賭けるのなら、私だってそれ相応のリスクを冒そう。私の提供するリスクは、私の全財産です。会社をはじめて二十三年になりますが、その間に三五〇〇万円ほどの貯金をつくりました。それをほぼ全額、ニッセンに注ぎ込もうと思ったのです。株価は決して上がってはいません。しかし私は、ほぼ毎日、買いを入れました〉

彼のユニークなところは、毎日の買い注文と株価を毎日、自分のホームページで公開し

図表②

日付		株数	株価	金額
2001/11/16	ニッセン 買付	1,500	308	466,851
2001/11/15	ニッセン 買付	200	305	63,625
2001/11/14	ニッセン 買付	2,000	310	624,924
2001/11/14	ニッセン 買付	2,000	310	624,924
2001/11/14	ニッセン 買付	2,000	310	624,924
2001/11/14	ニッセン 買付	2,000	310	624,924
2001/11/14	ニッセン 買付	2,000	310	624,924
2001/11/13	ニッセン 買付	1,000	314	314,488
2001/11/13	ニッセン 買付	4,000	314	1,265,955
2001/11/13	ニッセン 買付	5,000	315	1,587,486
2001/11/12	ニッセン 買付	100	322	32,476
2001/11/12	ニッセン 買付	100	323	32,577
2001/11/12	ニッセン 買付	100	324	32,678
2001/11/12	ニッセン 買付	100	325	32,779
2001/11/12	ニッセン 買付	100	327	32,980
2001/11/12	ニッセン 買付	100	328	33,081
2001/11/12	ニッセン 買付	100	329	33,193
2001/11/12	ニッセン 買付	300	324	98,035
2001/11/12	ニッセン 買付	400	327	131,924
2001/11/12	ニッセン 買付	500	325	163,897
2001/11/12	ニッセン 買付	500	325	163,897
2001/11/12	ニッセン 買付	900	320	290,476
2001/11/12	ニッセン 買付	2,000	328	661,641
2001/11/09	ニッセン 買付	100	320	32,241

たことです。三六〇円で買った株が、十一月中旬には三一〇円あたりまで下がっています。それでも連日のように一〇〇〇株、五〇〇株、二〇〇〇株と、買いたしていることがＨＰ上でも分かりました（**図表②**）。

六爻占術では株価が上がる期日も知ることができるそうです。ニッセンの場合は「月変わりに上がる」という卦が出ていたといいます。ここでいう「月」とは旧暦の月です。株価はしばらく横ばいを続けていましたが、十二月六日の夕方、次のような経済ニュースが流れました。

《ニッセンの12月期、連結最終利益34億円――５期ぶり復配へ。

ニッセン（８２４８）は6日、２００１年12月期の連結最終利益が前期比5倍の34億円になる見通しだと発表した。従来予想は15億円。前期にあった在庫の強制評価損などがなくなる。５期ぶりに復配し、年10円配を予定している。連結売上高は１％増の１３３０億円。客数増やインターネット経由の注文が約4倍の95億円に膨らんだ》

翌日からニッセンはストップ高が続きました。その日は十二月七日、旧暦では「大雪の日」と名づけられた「月変わりの日」だったそうです。

森田さんはニッセンのほかにも、六爻占術を用いてオービックやＫＤＤＩ、新日鉄の株を買っています。彼が買った株はみな上がりました。そこで証券会社の間に「森田銘柄」

という言葉までできたといいます。彼は前掲『不思議の友』でこう書いています。

〈突然、野村證券の人がきました。何できたかというと、ここ半年のパフォーマンス（利益率）が、その支店の中で私が最も高かったからだそうです。それであるとき、支店長が「この人の銘柄をウオッチせよ」というお触れを出したそうです。さらに「こちらでも、迷惑をかけない範囲でニッセンを買わせていただきました」と、いわれました。「ところで、どうしたらこんなに当たるのか聞いてこいと、支店長からいわれたのですが」という彼に、コインで占っているといったら、本当にびっくりしていました〉

儲けはなんと一億五〇〇〇万円！

ここで、森田さんが買った銘柄と儲けだけを紹介しておきます（以下は彼が公開した数字です）。

・オービックの利益＝三一七万円
・KDDIの利益＝六九二万円
・新日鉄の利益＝八十二万円
・ニッセンの利益＝約一億二七〇〇万円

・ニッセンの途中売り＋買い戻し分＝六二六万円

これを合計すると、儲けはなんと約一億五〇〇〇万円です。

株価の今後の動きという「未来」も決まっていて、それを予測することができるものなのでしょうか。六爻占術でニッセン株の値上がりをキャッチできたからこそ、森田さんがこれだけ儲けられたのだとすれば、未来は決まっているといえそうです。

しかし彼は、百発百中、必ず当たるものではないとクギを刺しています。毎日コインを振って占っていると分かるそうですが、当たる確率は八十％前後だといいます。二十％はハズレます。だから、その二十％に大金を注ぎ込んでしまうと大損をするというのです。森田さんも『不思議の友』で、次のように忠告しています。

〈六爻占術をあまり勉強しないうちにやると、結果を取り違えて読んでしまうこともあります。実際のところニッセンも、買ってから一ヵ月ほどは二割近くも下げました。その最低値で私は買い増しをしましたが、私のホームページを見て、最初ニッセンを買った人たちにはそれができなかったと思います。

いつ上がるか、いつ下がるか、その「いつ」を探ることは六爻占術では、とても高度なことなのです。ＫＤＤＩも、オービックも、私が銘柄を発表してから下がりました。やはりその最低値で私は買い増しをしていますが、それをやらないとオービックに関しては一

割ほどしか上がったことになりませんでした。これは最初の時点からみれば「ハズレた」部類に入るでしょう〉

六爻占術のすごさは、森田さんがホームページ上で公開していた株売買の実績を見れば一目瞭然ですが、だからといって欲に目が眩《くら》んで底なしの借金地獄に落ちることのないように注意してください。六爻占術ソフトは即座に回答を出してくれますが、森田さんもいうとおり、「あまり勉強しないうちにやると、結果を取り違えて読んでしまうことも」あるからです。なお、念のためにいっておきますと、私は株式とか為替には詳しいのですが、これらの売買で儲けるというようなゼロサムゲームには、やむを得ない時以外は手をつけない方がよいと思っています。

やはり未来は決まっているのか

ところで森田さんが信頼している人に神坂《こうさか》新太郎さんという八十四歳の真理研究家がいます。地震を予知したり、銀河運動装置を発明して死んだ金魚を生き返らせたりしている、知る人ぞ知る科学の天才です。その神坂さんが、森田さんに触発されて六爻占術をはじめたというのです。

森田さんがホームページで神坂さんの言葉を紹介していますので、少し耳を傾けてみましょう。

〈私もはじめのうちは森田さんと同じで、占いなど眼中になかったのです。ところが六爻占術のテキストを見せていただいて、自分の考えていることとドンピシャリと合いました。これはどえらい科学だと思いました。しかも中国古代何千年かの体験の集結でしょう。これは実験済みなのでしょう。もう、えらいことですよ。実験してみて合えば、もう間違いないですよ。単なる論説ではないのですから……。やってみてこうなるのだから、これはもう、えらいことですよ〉

〈テーマをひとつに絞って振ったら、何度振っても一〇〇％同じ結果が出たのです。これは自分の癖かと思って、隣のおばさんにもひとつのテーマで振ってもらいましたが、それでも同じ結果が出たのです。このとき、六爻占術は本物だと思いました。これが狂えば、当たるも八卦当たらぬも八卦になってしまいますが、そうではなかったのです。一〇〇％同じ結果が出るのです〉

〈コインになぜ「場」が乗るのか、と考えてみました。私は、人間の手から出たエネルギーがコインを倒しているのではないと思います。人間は宇宙の小さな一点にすぎないかもしれませんが、向こう様の世界にも続いているのです。だから、向こう様から自然の力でコインを倒しているのではないかと思います。呼び鈴と同じです。人間がある意識をもって呼び鈴を押せば、向こう様は回答してくれるのです。こっちが借金取りなら向こうの対応も借金取りへの対応しかしてくれないはずでしょう？〉

〈特に、六爻占術のソフトがコンピュータに乗るというのがすごいと思います。これは二十一世紀をひっくり返しますよ。だれも一寸先が闇だからうろたえるのですが、これからは未来がコンピュータではじき出せる……えらいことになりますよ〉

六爻占術に巡り合った神坂さんの驚きが伝わってくるような口ぶりです。

私には「未来は決まっているのだ」とは断言できませんが、しかし森田さんの株式取引の実績や、天才・神坂新太郎さんの興奮ぶりを見ていたり、私の諸々の研究から総合して、やはりサムシング・グレートの意により、この世では未来はほぼ決まっているといってもいいようだな……と思えてきつつあります。

(Ⅲ)経営者に大人気、九十%の確率で当たる「ライフコンパス」

本物の経営者は相性を大事にする

大森和義さんという統計学者が開発したのが「ライフコンパス」です。

これを一言で表現すると、その人の能力・仕事運・財運・健康・幸福さをズバリといい当てるソフトです。それも現在どうだということだけではなく、その人の全生涯、あるいは何カ月か先、そして今日一日といった具合に、細かく知ることができるのです。

他人との相性もこのソフトですべてあっというまに分かります。だから、このライフコンパスは経営者に人気があるのです。その答が、大半、納得できるのです。

経営者は常に、後継者をだれにするか、あのポストにはだれを抜擢したらいいか、そうした問題に頭を悩ませています。ある人物がいくら優秀だといっても、経営者本人と相性がよくなければ会社のバトンタッチはうまくいきません。部下と相性が悪ければ彼の率いるプロジェクトだって成功する見通しは少なくなります。

取引先との関係でも同じことがいえます。経営者というのは、ただ金銭面の条件がいいからという理由だけで取引先を決めているわけではないのです。相手先の社長の人格や経営戦略、あるいはその会社の将来性、そういったことをすべて加味して取引先を決めています。また、それが本当の経営者です。

つい先日、私も親しくさせていただいた「経営の神様」の松下幸之助さん、松下さんの女房役だった高橋荒太郎さん（元松下電器産業会長）の追悼記事が読売新聞に載っていましたが、その中にこんなくだりがありました。高橋さんがフィリピンで合弁会社を選んだときのエピソードです。

〈地元家電メーカー四社の経営者を面接後、技術、販売力とも一番劣る会社を最も評価した。不思議そうな顔をする部下に「あそこは家に帰る従業員のボディーチェックをしていない。人を信じる経営は、松下と一緒だ」と語り、「僕はあの会社の経営者に賭ける」と、そのメーカーに決めたという〉

ここからも分かるように、経営者にとって取引先の社長との相性というのは、実は大変重要な要素なのです。大森さんのライフコンパスは、人と人との相性を瞬く間に調べることができます。だからこそ、まず経営者の間で評判になったのです。

五行説の神秘

ライフコンパスというのは、文字どおり「人生（ライフ）の羅針盤（コンパス）」という意味です。これを開発した大森和義さんは「統計学五行会」の主宰者でもあります。

統計学者ですから、各人の能力・仕事運・財運・健康・幸福さを割り出すソフトをつくるにしても、十何年という長い時間をかけて何百人、何千人という人々に面談をしています。男性についても女性に関してもさまざまな角度からいくつものデータを集め、それを分析して一定の法則を導き出しています。

では、「五行」とは何かといえば、よく「陰陽五行説」という言葉を耳にしますが、あの「五行」です。森田健さんの六爻占術でも使われていました。中国古来の哲学の一種です。天地の間には生成して止《や》むことのない木・火・土・金・水という五つの元素があるというのです。五行説は、この五つの元素が基になって万物ができていると考えます。

木から火が生じ、その火からは土が、土からは金が、金からは水が、水からは木が生じるといいます。この「木↓火↓土↓金↓水↓木」という循環を「そうしょう」と呼んで、「相生」と書きます。

一方、木は土を破り、土は水を、水は火を、火は金を、金は木を破ります。破るとは、勝つという意味ですから、戦国時代に下の者が上の人間を倒してのし上がる下剋上の「剋」という文字を使って「相剋」、つまり「そうこく」と呼んでいます。「木↓土↓水↓火↓金↓木」という循環が「相剋」の流れです。

五行説はこの原理を人間関係に当てはめます。「相生」の人同士が出会えば和合して幸福になりますが、「相剋」の人間が一緒になると不和が生じ災難に遭うというのです。たとえば「木」の人は「火」および「水」の人と相性がいいけれども、「土」および「金」の人とは相性が悪いということになります。これは男女の間でも、仕事や仲間内の間でも起こることだといいます。

少々ややこしい話になってしまいましたが、五行説の基本的な考え方は以上のとおりです。

九十％以上当たった！

大森さんの開発したライフコンパスには、統計学上のデータはもちろん、五行説に基づいた情報も組み込まれています。だからパソコンに自分の名前・性別・生年月日・生まれた時刻を打ち込めば、その人についての判断がたちどころに出てきます。すでに記したように能力・仕事運・財運・健康・幸福さの五つの項目について、その人の現状および将来がズバリと分かるのです。

最初にそれを耳にしたとき、便利なソフトができたものだな、試してみる価値はあるなと感心して、一度そのソフトを使用して、自分と周辺の人たちのことを試しました。ほぼ満足しました。そこで、大森さんを直感力研究会にお呼びしました。メンバー五十人の前で、私を題材にして「船井幸雄というのはどんな人間か」ということを調べて解説して欲しいとお願いしたわけです。

用意したパソコンに、私の生年月日など、必要条件を入力してポンとキーを叩きます。あっという間に私についての情報が出てきました。

自分のことですから少々いいにくいのですが、私のデータは仕事運も健康も普通よりずっと高いことが分かりました。もうひとつ、私の特徴は能力から幸福さまで、すべてのグラフが九十才以降までもきわめて安定していることです。こうしたケースはめったにないそうです。そのほか、私の性格や能力、長所や短所なども出てきました。

研究会のメンバーはみな、「当たっている。船井先生をピッタリ言い当てている」と驚嘆していました。「一〇〇％当たっている」と言う人までいました。実験台になった本人から言わせれば、四～五％は違うなぁという感想をもちましたが、でも九十％以上は当っている感じがします。

私もライフコンパスが欲しくなって値段を訊くと、パソコンとセットで一三〇万円ということでした。携帯に便利な「営業用ライフコンパス」（ここに入っているのは、営業活動に必要なデータが主体です）もあり、それは三十万円です。入手しました。

私は極めて忙しい人間ですが、時々は知人や気になる人のデータを入れて、私との相性や、その人の特性などを観ています。それがまた当たっている気がするのです。データと私の実感はかなりの程度まで一致しています。

生まれるとき人は運命を決めてくる？

大森さんのお話を伺うと、ライフコンパスをつくるきっかけは親子関係だったそうです。お子さんとどう接したらいいのか、それを探るために研究をはじめたというのです。このソフトは、相手との相性を観ることができますから、子育てに役立つのも当然かもしれません。実際、ライフコンパスはさまざまな場面で利用されているそうです。医師が診療に利用したり、教育現場でも用いられているといいます。

しかし大森さんによれば、やはり一番人気があるのは経営者たちからだそうです。「二十一世紀型企業のさらなる発展のために」と題された大森さんの『提案書』にも、次のような利用法が記されています。

《トップによる人事養成のアクションがいつでもできる》《役員人事、部課長人事、顧客管理人事等、スムーズな人間関係を構築できます》《必要な人材が集まり、不必要な人材が去り、「気」が流れる会社が誕生します》《自分で納得し、進んで仕事に取り組むときの仕事効率は十倍です》

ライフコンパスを使えば、自分の性格や能力、あるいは運命といった個人的な情報だけではなく、前述したように相手との相性や、物事を行うタイミングなども分かるといいます。中国の古典『孫子』に「彼を知り己を知れば、百戦して殆《あや》うからず」とあるように、自他の関係を的確につかんでおけば、それだけ失敗することも少なくなります。もちろん上司や同僚、部下とのコミュニケーションもスムーズにいきます。

それだけではありません。ライフコンパスは「悪いこと」も教えてくれるといいます。自分の「気」が低下している時期をグラフで読み取ることができますから、その時期は注意を払うこともできます。大森さんの言葉を使えば、「何か悪いことが起こっても、ライフコンパスを見ていれば自分で納得することもできるのです」というのです。

大森さんは現在、何十社という会社にライフコンパスを入れています。そして、事業のアドバイスをしながら幹部の人たちに講演をして、各社の業績アップに貢献しているそうです。

ライフコンパスはそんなふうにさまざまな使い方ができますが、基本はその人の運命を知ることにあります。それから先のこと、つまり画面に出たデータを読み取って、それをどう判断し、そのうえでどう行動するかは各人の問題です。ほかの人との相性を観て、その人とどう付き合うか、その人をどう処遇するかということも、最終的には自分で判断することです。ただしライフコンパスを一度使って途中でやめた人はいないと、大森さんは言います。それが彼の自信につながっているようです。

ただ私は、いままでライフコンパスを参考にしてきましたが、人事や意志決定などは、私の感性と理性の一致したものを是として行なってきました。

ともかくこのように、過去の出来事をほぼ一〇〇%当てる起源占星学、株価も含めて将来のことを九十%近い確率で当てる六爻占術や、ライフコンパスを見ていると、やはり未来は高い確率で決まっているのではないかという気がします。

私はこれまで何十年も運命や波動の研究をしてきました。不思議な現象についてもずいぶん勉強してきたつもりです。そんな私がいま実感していることは、人はこの世に生まれてくるとき、自ら納得して自分の運命を九十%以上決めてくるようだということです。

ただし、決まっているとしても未来は変えられるようです。本書はそのために書いたのです。

［第二章］

さまざまな出会いで知った「世の中の仕組み」

(Ⅰ)本質である魂は肉体の死後も生き続ける

幽体離脱の研究を続けたロバート・モンローさん

過去を九十数％以上いい当てる占星学（起源占星学）と、未来を九十％近い確率で予測する方法（六爻占術、ライフコンパス）を見てきましたが、次に問題になってくるのは、ではなぜある方法を利用すれば過去をいい当てたり、未来を予言することができるのかということです。

その答えは、前章のタイトルにあるように「人生の九十％以上は決まっている」からではないでしょうか。では、どうして私たちの人生の九十％以上が決まっているといえるのか。その理由について順次考えていきたいと思います。

六爻占術の森田健さんは、「幽体離脱」をすれば、過去にも未来にもあの世にも行けることを知ってその練習をしようと、アメリカにある「モンロー応用科学研究所」（ＴＭＩ）に行ったのです。ロバート・モンローという人がはじめた研究所です。

ロバート・モンローさんは一九一六年の生まれです。父は大学教授、母は医師という学者一家に育ちました。四歳から勉強をはじめ、オハイオ州立大学では電子工学とジャーナリズムの学位を取っています。一九三七年に卒業すると「オハイオ・ラジオ放送局」に入って作家兼ディレクターになりました。

そしてニューヨークに出たあとの一九五六年、人間の魂について関心をもつようになります。睡眠中にも学習能力があることに気づき、一九五八年には体から魂を脱け出させること（幽体離脱）に成功します。そのとき、モンローさんは四十二歳でした。

幽体離脱をした彼の魂は、過去や未来それにあの世など、あちこちを探訪します。ところがそんな荒唐無稽な体験談はだれも信じてくれません。そこで彼は、だれもが魂を肉体から脱け出せる方法はないものかと考えます。

モンローさんは電子工学の学位をもっているくらいですから、電子機械方面のことには通暁しています。そこで案出したのが「ヘミ・シンク」と呼ばれる音響システムです。これを使えば、普通の人でも体から魂が脱け出せるという方法を開発したのです。

一九七三年にはモンロー研究所をつくり、その後も幽体離脱の研究を続けました。国際的にも有名になりましたが、一九九五年に亡くなっています。七十九歳でした。多くの研究論文や著書がありますが、日本でも『体外への旅』（学習研究社刊）、『魂の体外旅行』（日本教文社刊）、『究極の旅』（日本教文社刊）で、非常に有名な人です。現在、モンロー研究所は、ロバート・モンローさんの娘さんのロンリー・モンローさんが所長をしています。私のよく知っている人です。

また、今年四月に坂本政道さんの著書『死後体験』がハート出版から発刊され話題を呼んでいますが、東大の物理学科を出たハイテクエンジニアの坂本さんが、モンロー研究所で学び体験した実体験を書いたのが、この著書です。非常に参考になりました。

魂を運ぶ「ヘミ・シンク」

森田さんの幽体離脱体験に入る前に、ロバート・モンローさんが開発した音響システムについて、ごく簡単に説明をしておきます。これは坂本さんの著書にも詳しく原理が書かれています。

「幽体離脱」というと、魂が体から脱け出してどこか遠いところへ飛んで行くようなイメージをもちますが、四十年にわたって何千回も幽体離脱体験をしたモンローさんは、意識の状態をずらせると、空間移動をしなくても、さまざまな異なる世界（次元）へ行くことができることを知ったのです。

実際、私たちの脳は常に脳波活動を続けているといえます。ある精神状態のときはたとえば「A」という波動、別の精神状態では「B」という脳の波動といった具合に、それぞれに適合した電気的パターンを発生させているのです。

そうだとすれば、ヘッドホンのようなものを頭にかぶせ、音響技術を駆使して脳波の活動を変え、さらには意識の状態も変えられるのではないか。そうすれば脳波の活動も意識状態も変化して、魂を異次元の状態に運ぶことができるのではないか。モンローさんはそう考えたのです。

そして開発されたのが、ヘミ・シンクという音響システムです。

魂の世界は、われわれが現在いる三次元のこの物質世界、いわゆる「この世」に非常に近い世界から、そこからとても遠い世界まで、何十も存在していると考えました（モンローさんは、さまざまな世界のことを「フォーカス」と呼んでいますが、それについては後述します）。そして脳波の活動をコントロールすることによって、そうしたさまざまな世界に焦点（フォーカス）を当てることができるのではないかと考えたわけです。実際にはそれができることを、森田さんと坂本さんは証言しています。

分かりやすい比喩を使えば、テレビのチャンネルやラジオのダイヤルのようなものです。チャンネルを回して周波数を変えると、それに応じた画面や音が出てきます。周波数を変えることによって選局をするわけですが、あれと同じです。

あるいはプリズムの例を引くのもいいかもしれません。日光をプリズムに通すと、波長に応じて白色光が虹のような七色に分かれます。そんなふうに意識や脳波にもレベルがあるのです。低いものから高いものまで、いろいろなレベルがあります。それに応じて、いくつもの世界があるというわけです。

モンローさんが開発したヘミ・シンクは、さまざまな周波数の音を発生させて脳波のレベルに影響を与え、それによって意識の状態を変え、魂をいろいろな世界に運ぼうというものだったのです。

森田健さんの幽体離脱体験

モンロー研究所へ行ってヘミ・シンクを体験すると、勘のいい人は一週間で完璧に魂が脱け出せるといいます。程度の悪い人だと、二、三週間以上かかるそうです。

森田さんは幽体離脱を体験するために、そのモンロー研究所へ行きました。彼は「魂の体外離脱／モンロー研究所の報告」と題して自分の体験を記していますから、それを引きながら幽体離脱の現場をのぞいてみましょう。

〈成田からＪＡＬ10便にてシカゴに入り、さらにＵＳエアーでピッツバークを経由して、バージニア州のシャーロッツビルに到着する。そこから車で四十五分ほど走ったところにモンロー研究所はある。

研究所には一度に二十五人までが寝泊まりして、被験者として体験できる設備がある。体験コースは大きく三つに分かれている。ひとつは「ゲートウエイ」といって、これは入門コースである。次は「ライフライン」で、死者の領域に達するもの。最後は、人間の肉体として人生を経験していない純粋な生命エネルギー体との遭遇を目的とした「エキスポレーション27」というプログラムだ〉

森田さんはまず、入門コースに入ります。

〈私が最初に参加した「ゲートウエイ」は二十四名の参加者があった。男性十四名、女性十名で、私以外はアメリカ人である。到着したその夜からセッションは始まった。「ヘミ・シンク」という脳波をコントロールする音をヘッドホンで聞きながら半覚醒状態に入る。体は眠っていて精神が起きているという状態だ。

実験は各自のベッドで行われる。ベッドは壁の中に掘られた洞穴のようになっており、その中にはヘッドホン再生関連装置とマイクロホンがある。さらにエアコンと、色をコントロールできる照明装置がある。そして各自の洞穴はコントロール・ルームとつながっていた。約四十五分の実験のあと、各自がその間に起こったことを発表する。それが一日五回ほどある。

　ところが六日間のゲートウエイ中に体外離脱を成し遂げた人は誰もいなかった。二十三名のアメリカ人は、それぞれの思いを残して故郷へ帰った〉

　森田さんも含め、一週間での幽体離脱にはだれも成功しなかったようです。しかし、アメリカ人の仲間たちが諦めて帰ったあとも、森田さんは挑戦を続けます。

〈私だけが連続して次の「ライフライン」を受けることになり、新たに到着した十八人のメンバーと合流した。新たに到着したメンバーは過去に全員が「ゲートウエイ」を受けていた。なおかつ、これが二度目のモンロー研究所への参加だけあって、参加者の三十％ほどはすでにゲートウエイ中に体外離脱の経験をしている強者たちだった。国籍もニュージーランド、イギリス、オーストラリア、ベルギーと、多種多様だ。

　その四日目のことだった。私は「フリーフロー25」と名付けられたセッションで、ちょうど「フォーカス15」という領域の音を聞かされていた。フォーカス15というのは、時空の「時間」の部分を拡張するための領域のことで、無時間の経験とも呼ばれている。通常この領域では、魂は分離されない。

　しかし、私は自分の手の肉体感覚がなくなりつつあるのに気がついた。その日は寒冷前線の通過中だったために、私は毛布を首までかぶって実験に参加していた。手は常にベッドと毛布の両方に接触しており、その感覚がさっきまではあった。私は「おかしいな」という感じで首を曲げて手を見ようとした。その時だった。私の魂は首から脱ける感じでベッドの上に出てしまった。

私はベッドの上、約十五センチのところに浮いていた。ゆっくりと首を回すと、目の前に私の顔があった。とうとう体外離脱に成功した。私はできるだけ長く浮遊していたかった。何も考えずに、何も新しい試みに挑戦することなく、ただ浮き続けた。本当はどこかに飛んで行きたかった。しかしそれに失敗して、肉体に戻るのはいやだった。

しばらくすると、コントロールルームから帰還信号が聞こえた。私はゆっくりと自分の体に戻った。結局十五分は浮いていた〉

ついに彼は幽体離脱に成功したのです。体験十日目のことでした。その感動はいかばかりであったか、森田さんのこの文章からも興奮が伝わってくるようです。

肉体が死んでも魂は生き続ける

幽体離脱をした森田さんは、過去に行き、未来にも行き、身をもって「この世」と「あの世」の関係を調べました。その中で私がいちばん重要だと思うのは、「肉体が死んでも魂は生き続ける」という森田さんのレポートです。

われわれの本質は魂だから、死んでもそれで終わりではない、ということを森田さんは体験しました。それがとても大切なポイントだと思います。

そのくだりを引用しておきます。

〈「ところで君の名前は何ていうの」。「My name is Ken-ichi.（僕の名前はケンイチ）」

そこで初めて彼は顔を上げた。そこには胎児の顔があった。

私と妻は一度流産を経験している。妊娠六ヵ月に入ったときに流産した。私はその出産に立ち会ったので、私だけが彼の顔を見ていた。その胎児の顔はまるで仏像のようにやすらかだった。

私たちは彼に健一という名前をつけ、彼のためにお葬式をした。その顔が目の前にあった。私は圧倒的な感情に包まれながら彼を抱いた〉

〈彼は「I am always with you.（僕はいつもあなたたちのそばにいる）」というフレーズに続いて、「僕はあなたたちを助けるために生まれてきたんだ。こういう運命になることは初めから予定されていた」といった。

彼の顔はあのとき以上にやすらかで愛に満ちていた。そのとき帰還信号がきた。

ベッドで意識が戻ったとき、私の目からは涙が溢れていた。しばらく起き上がれなかった。目を真っ赤にして報告会に出ると、みんなが私を取り囲んで泣いてくれた。
その晩、私のベッドには健一がひとつ次元を挟んで、すぐとなりに一緒に寝ているように思えた。
私は死後の世界の旅行をあまり信じてはいなかった。証明が不可能だろうと思ったからだ。しかし予期せぬこの出会いは、いくら潜在意識のなせる業かもしれないとはいえ、死後の世界を信じる方向に向かわせた〉
森田さんのこれらの体験や坂本政道さんの多くの体験を読むと、ロバート・モンローさんが言ったことは全部正しいようだと私でも思ってきました。

スウェデンボルグさんの「霊界日記」とも一致

魂は肉体が死んでも生き続けるということは、スウェデンボルグさんの体験とも一致します。エマヌエル・スウェデンボルグさんは一六八八年にスウェーデンのストックホルムで生まれています。子供のころから神秘的な性向をもっていた彼は、前半生は技術者として過ごしましたが、一七四四年、五十五歳のときに激しい震えに見舞われ、それから幻視の世界に入っていきました。「あの世」を視たのです。

彼の幻視能力はその後ますます高まっていきます。そして彼は、自分が見た霊界の様子を日記に綴りました。『霊界日記』と題された記録は膨大な量に上ります。

現在私たちがいる「この世」とは次元を異にした「あの世」の世界を記す彼の記述はいま読んでもきわめてリアルで、異次元の世界をありありと映し出しています。

また、「二十世紀最大の予言者」といわれるエドガー・ケイシーさん（彼については第三章で詳述）も、「アカシック・レコード」と呼ばれる魂の記録を解読して「前世」を解き明かしていますが、それらはみな「肉体が死んでも魂は生き続ける」という森田さんのレポートと一致するのです。

エドガー・ケイシーさんの結論を手短に要約しておけば、次の三点になります。

①人の生命は永遠であり、連続している。

②従って、生まれ変わることもある。

③生命（この世に生まれてくること）の連続性を支配しているのは因果律（いわゆる「カルマ」）である。

（Ⅱ）魂と世の中を成長させるために「あの世」と「この世」がある

生まれ変わりの村

「あの世」があるようだということはこれで分かったとしても、では、「あの世」と「この世」の関係はどうなっていて、何のためにあの世とこの世があるのかということが次の問題になってきます。人間（魂）はなぜ肉体の中で生きて、この世で過ごすのかというテーマです。

森田さんやスウェデンボルグさんの体験だけでは、そこのところが分かりません。

そこで私は、生まれ変わりの例を記した世界中の文献を三十余年も読み漁りました。森田健さんも同じように資料を読み漁ったそうです。自分のことよりも、ここでは森田さんの研究を紹介します。

このような森田さんがいちばん興味をもったのは、中国にある「生まれ変わりの村」でした。

北京から飛行機で西へ約一時間、降りてからバスで約二時間といいますから、北京から一〇〇〇キロほど西に行ったところです。そこに生まれ変わりの村があるというので、彼はそこを何度か訪ねています。

その村には前世の記憶をもった人が何十人もいるそうです。そういう人たちは全員、前世もその村に住んでいた人たちだといいます。一度死んで、あの世に行き、また新しい肉体の中に生まれ変わって、この世に帰ってきたのを記憶している人たちです。しかも前世の近所に生まれてきた人たちです。森田さんはその人たちを何十人も取材しています。

とても教えられることの多いものなので、少し紹介しておきたいと思います。

たとえば、普通の人はどうして生まれたときに前世の記憶をもっていないのかというと、生まれ変わりの村で、前世を記憶している人たちは、次のようにいったそうです。

生まれ変わってくるときは三途の川のようなところを渡らないといけない。その川を渡ったら、この世に生まれ変われる。ところが川の手前まで行くと、猛烈に喉が渇くのだそうです。すると、川に懸かる橋（「奈何橋」と書いて「なかはし」と読みます）の真ん中におばあさんがいて、スープを炊いています。喉が渇いて仕方がないから、生まれてくる人はみな、そのスープが欲しい。それで列をつくって、おばあさんの前に並ぶそうです。

ところがそのスープを喉に流し込んだ途端、前世や「あの世」のことを忘れてしまうというのです。前世やあの世の記憶を持って生まれてきた人たちは、あのスープさえ飲まなかったらいいということを知っていたので、飲まないで川を渡ってきたのです。それで、これらの人たちは前世のことを覚えているのだというわけです。

　そういう人が多くいるし、また同じ村に生まれてきた人が多いことから、中国のこの村は「生まれ変わりの村」と呼ばれているのです。

暗合の不思議

　この生まれ変わりの村をめぐっては、興味深い話がたくさんあります。

　川を渡って生まれてくるとき、スープを飲まずにあの世のことを覚えていると、この世に生まれるに当り、どんな人間に生まれ変わりたいのか、それは男なのか女なのかなどの、何十%かは自分の意思で決められるといいます。知らない場所に生まれるより、自分の知っているところに生まれ変わりたいと思うのが人情だから、ほとんどの人が、自分が前に住んでいたその村に生まれ変わるのだそうです。ともかく、自分が前世に住んでいた村の人間のだれかの胎児に入り込むというのです。

　森田さんはそういう人たちを何十人も調べて、『不思議の友』（第九号）で、いくつかのケースを紹介しています。「牛を経由した人」「前世の夫に男性として再会した人」「前々世を覚えている女性」「孫と同級生になった女性」「一時間で生まれ変わった女性」などといった具合です。

最初の「牛を経由した人」のケースを紹介しておきます。四十七歳の男性です。


〈彼は九歳のとき、狼に食べられました。魂になってあの世に行ったときは、鳥になって空を飛んでいるようだったそうです。気持ちがよくて、あの世のことははっきりとは思い出せないそうですが、三次元に降りてくるときからは、記憶が鮮明になります。

魂はまず、出産間際の牛のお腹に入ってしまいました。「困ったな〜、モ〜」と思ったかどうかは知りませんが、彼は間違えたと気づき、そこから飛び出しました。そのとき、牛の出産を見ていた人がいました。子牛は生まれ落ちた瞬間、崖から落ちて死んでしまったそうです。そして魂は空を飛びます。

いよいよ人間として生まれ変わるときがやってきました。新しいお母さんの家に行くときは、何かに縛られ、引っ張られているようで、体の自由がきかなかったそうです。自由のきかないトンネルを降りているようだったといいます。

そこから開放されたと思ったとき、「生まれた」のです。だから彼にとって「生まれる」とは、「開放される」ことだそうです〉

実に面白い話です。

そこで思い出されるのは、かの「マタイ伝」にある次のような挿話です。

〈悪霊につかれた人が二人墓から出て来て、イエスに出会った。彼らはひどく狂暴で、だれもその道を通れないほどであった。

すると、見よ、彼らはわめいていった。「神の子よ。いったい私たちに何をしようというのです。まだその時でないのに、もう私たちを苦しめに来られたのですか」。

ところで、そこからずっと離れた所に、たくさんの豚の群れが飼ってあった。

それで、悪霊どもはイエスに願ってこういった。「もし私たちを追い出そうとされるのでしたら、どうか豚の群れの中にやってください」。

イエスは彼らに「行け」といわれた。すると、彼らは出て行って豚にはいった。すると、見よ、その群れ全体がどっとがけから湖へ駆け降りて行って、水におぼれて死んだ〉

「牛を経由した人」の話に似ていないでしょうか。牛の中に生まれ変わったのは中国の人ですから、おそらく聖書など読んだことはないと思います。ところが、この「マタイ伝」の一節に似たような記憶をもっている人の話しがあるのです。「マタイ伝」が伝えたかったことは、生まれ変りの村の牛とマタイ伝の豚を変更して、少し考えて読むと分かります。

何か人類に共通する「記憶」があって、こうした暗合が起きるのではないかと思います。

生まれ変わりの村では、二、三歳になると、みな文句をいい出すそうです。前世のことを覚えているから、それを思い出していろいろ文句をいうのでしょう。

「一時間で生まれ変わった女性」のケースは、前世も前々世も覚えている三十八歳の女性です。森田さんとはこんな会話を交しています。

〈森田さんが「生まれ変わることによって、性格は変わるものですか。例えば、欠点が直るとか……」と訊くと、「自分の性格は前世ではやさしかったのに、今世では怒りっぽく変わってしまいました。たぶん、前世の夫にいじめられたことが原因だと思います」といいます。

森田さんが「暴力的だった前世の夫に対して否定的な感情はあるのですか」と訊くと、「前世の夫に対してはまだあのときの感情は残っています」といいました。前世の夫はすでに亡くなっているのに……です〉

こんなふうに人には前世の記憶が残っているようなのです。

あの世には「エゴ」がない！

しかし、前世や「あの世」のことは覚えていても、たいていの人は、あの世のことではたったひとつ、なかなか思い出せないことがあるといいます。それは、自分がだれであったかということです。どうしても分からない人もいるというのです。

前に引いた「牛を経由した人」の場合を思い出してください。《魂になってあの世に行ったときは、鳥になって空を飛んでいるようだった。気持ちがよくて、あの世のことははっきりとは思い出せない》という言葉がありました。あの世では自分がだれであったか、そこが分からないらしいのです。自分のことを覚えていないのが普通のようなのです。

それはなぜかといえば、あの世には名前がないからだと思います。あの世には名前がない。自分という概念もほとんどないようです。だから自分がだれだったのか分からないのです。

あの世には名前がありません。

反対に、この世ではすべてのものに名前がついています。

あの世には自分というものがありません。

一方、この世では自分が特別、大事なのです。

この違いはとても重要です。

私がいつもいっている「エゴ」があるかないか、そこが「あの世」と「この世」の大きな違いのようなのです。『エゴからエヴァへ』（ＰＨＰ研究所刊）でも書いたとおり、常に自分中心に物事を考え、自分さえよければいいというエゴがこの世の特性ですが、それが

「この世」を住みにくくしているのは否めません。

あの世にはそのエゴがないようです。だからとても気持ちいい世界のようなのです。

あの世は素晴らしい世界といえそうです。

いまのこの世を住みやすい世の中に変えるヒントも、実はそんなところに隠されているのではないでしょうか。

この世でやったことはこの世で全部精算する

それにしてもなぜ、「この世」と「あの世」があるのでしょうか。

われわれがこの世でやったことについては、この世で全部清算しなければならないようです。それが今までの地球上のルールといえそうです。とりわけ、世の中や環境に対してマイナスを与えたことについては、この世ですべて処理しなければならないというルールがあるようです。

この世でやったことはこの世で返すということです。「カルマ」を解消する。それがこの世があるひとつの大きな理由のように思います。カルマとは、第一章で述べたように前世で行なった良心に反する行いのことです。

したがって、この世で悪いことをした人はカルマを返すためにまた生まれ変わってこなければなりません。そのためにもこの世があるのだと思います。

中国の「生まれ変わり村」の人たちに取材すると、あの世は極楽だというそうです。普通、自殺をしてはいけないといわれていますが、自殺をした人もあの世は極楽だったといいます。前世を覚えていれば「前世」と「あの世」を比較できます。そしてこの二つの世界を比べると、あの世は極楽だというわけです。

前世で悪いことをして逮捕され、銃殺されたり、絞首刑になった人でも、あの世に行ったら極楽だったと証言しています。生まれ変わった人たちの話を聞いてみると、みながみな、口を揃えてそう話しているのです。

そうだとすれば、この世に生まれてきたすべての人が前世のことを覚えていたり、あの世のことを覚えていると、少々まずいことになります。死んであの世へ行っても、そこが極楽だということを知っていたら、だれでもまともにカルマを返そうとはしないでしょうし、ちょっと困ったことがあればすぐに死んでしまうと思えるからです。死ねば極楽に行けるのが分かっていれば、何も現世で苦労する必要などないと考える人が多く出るでしょう。

だからわれわれ人間は、前世やあの世のことは忘れてしまって生まれてくるし、また勝手に死んではいけない、できる限り生きるのだと、ＤＮＡに書き込まれてこの世に生まれてくるに違いありません。少なくとも私はいま、そう思っています。

人間はカルマを償わなくてはなりません。先ほど述べたように、そのためにこの世があるといえそうなのです。

それと同時に、われわれは知的で理性的な存在でもありますから、知らないことを知りたいと思う欲求があります。また、多くの経験を積んで、それをルール化することもできます。そうして得た知識や経験は魂の中に蓄積していくようです。いわゆる勉強し経験すると魂が成長するのです。そんな作業をさせる教育の場としても「この世」があり、また肉体があり、その肉体に宿った魂はいろいろと学ぶのだともいえそうです。

そういうふうにして魂は一歩一歩向上するのだと思われます。

最終的にマクロに見ると、世の中にあるすべてのものは成長するといえそうです。当然、魂も成長します。そうだとすれば、世の中のすべての事象や人間の魂を成長させるために「あの世」と「この世」があるのだともいえそうです。

ここまでの話を整理すると、次のようになります。

人は前世のカルマを返すためにこの世に生まれてきます。

だから一所懸命に勉強して、働くべきでしょう。

すべての人が、もしあの世が極楽だということを知っていて、いつでも自由に死んでよいと思うのなら、この世で一所懸命に生きないでしょう。だからわれわれ人間は、前世のことも、あの世のこともすっかり忘れてこの世に生まれてくるのでしょう。自殺してはならないという情報もＤＮＡに書き込まれています。そこで人々はこの世で前世のカルマを返しながら頑張って生きるのです。そして魂を磨き、一歩一歩成長していきます。

われわれが一所懸命生きるために「この世」と「あの世」がある――これが正しいポイントのような気がします。

「大転換」はなぜ起こったのか

ここでひとつ、付け加えておきたいことがあります。

「サムシング・グレート」という言葉の生みの親である、筑波大学の村上和雄名誉教授に聞いた話です。村上先生は遺伝子の研究者として、どうしても解せないことがあるというのです。それは何ですかと訊いたら、こんな話をしてくれました。

いまから一〇〇万年以上前の人類の遺跡を調べると、助け合い、分かち合って生きていた痕跡ばかりが出てくるといいます。地球上で一番古い遺跡は、ケニアのトウルカナ湖近くから出てきた類人猿（いわば人類の祖先）のものです。約一五〇万年から三五〇万年前のものだといわれていますが、そこを見ると争いの跡はまったくなく、食べ物などもみな分かち合っていたように思われるといいます。

ところが、いまから五十万年くらい前より新しい時代の遺跡からは、殺し合い、奪い合った跡しか出てこないというのです。

村上さんはだから、地球上の人類は一〇〇万年以上前と、五十万年前以降とではまったく違う人間に変わった、としか思えないというわけです。では、この間にいったい何があったのでしょうか。

私の言葉を使えば、大昔は「エヴァ」の時代でした。

それが五十万年前あたりから「エゴ」の時代に入ったということになります。いわば一八〇度の転換です。大転換としかいいようがありません。村上さんでなくても、いったい何が起こったのか、私も大変強い興味を抱いたものです。

岡田多母さんの答え

岡田多母《たも》さんという女性がいます。彼女については第三章で詳しく触れます。

彼女は三人の子供さんのお母さんです。頭のいい、すがすがしい人ですが、過去世のことをいっさい忘れずに生まれてきたと自らいっている人です。「私は前世のことをすべて知ったうえで生まれてきたのです」と、自分でそういっています。不思議大好きの私から見ても、とても不思議な女性です。

その彼女が、村上さんや私の疑問について、こんなことをいいました。

〈大昔、地球上の人は実に仲がよくて、みな助け合って生きていました。地球も青々として、とてもきれいでした。過去世で空を飛んでいた私は、上からよく、緑の草原やそこで仲よく暮らす人々を見ていました。船井先生の魂というか過去世の存在も、私といっしょにそんな光景をご覧になっていたのですが、覚えていらっしゃいますか（私はまるで覚えていません）。

ところがそのころは、地球人の文化レベルは非常に低かったのです。それを見た知的レベルの高い「ある存在」が、文化をものすごく早く進捗させてやろうと思ったのです。そこでその「存在」は地球人のＤＮＡの一箇所をいじりました。どこをいじったかといいますと、嫉妬心のスイッチに手を触れたのです。やきもちを焼くというスイッチは、それまでは「ＯＦＦ」でした。それを「ＯＮ」に変えたのです。

嫉妬心のスイッチをＯＮに変えられた途端、地球人には競争心が生まれ、人間の文化は進歩しはじめました。けれども、同時にエゴが発生したのです。つまり、他人を妬む気持が出てきてしまったのです。

パラダイスのような世の中だったのに、いったんエゴが発生すると、実に殺伐とした世の中になってしまいました。自分だけよければいいという世の中に変ってしまったのです。助け合いの世の中から、殺し合いの世の中に変わってしまったのです。

その結果、文化は発達しましたが、一定程度まで発達したらストレスが増えてきます。するとストレスにより地球は地磁気をぐっと落として、地軸がグルリと回転します。ポールシフトが起こるのです。文化はまた失われ、人類は再び原始人に戻ってしまいます。

そんなふうに人類は何回か破滅の淵に立たされて、原始人から再出発しなければならなかったのです。私はそういう光景をよく覚えていますが、船井先生は覚えていらっしゃいませんか……〉

これが多母さんの答えでした。

そして彼女は続けて、こう話しました。

「こんな世の中を続けていても本質的によくなることはないと思います。そこで、ここまで文化レベルが高くなりましたから、この文化レベルを維持したまま、人間からエゴを外し、いわゆる嫉妬心をオフに戻して、この世をそろそろ極楽の世の中に変えなければいけない時が、いまではないでしょうか。もうその時期にきています。早ければ、あと二、三十年以内にそうなると思います。そのとき世の中を変える役割を中心になって果たすのはだれか、船井先生はお分かりになっているはずだと思うのですが」と。私はまだ、はっきり分からないのですが、このことについては近々分かるように思います。

彼女が生きていた彼女の前々世に私も生きていて、そのときまで記憶をさかのぼれば分かるはずだと多母さんはいうのです。そういわれても、いまの私には何の記憶もありませんから、返事のしようがありません。

そういえば起源占星学者のスブラマニアン・ティルムルガンさんからも同じようなことをいわれました。多母さんにいわれてから気づいたのですが、二人から似たようなことをいわれて、いま勉強中です。

ともかく、いまのこの世の中を変えた方がいいのは私にも分かります。

いまのこの世の中の仕組みはよくない、もっといい世の中にしなければいけないというのは、最近特に強く考えていることでもあります。このことについては、もう少し勉強してみます。

（Ⅲ）地球上の「この世」は監獄のような場所

この世の仕事はカルマの解消

このように考えていると、「この世」と「あの世」の仕組みが少しは分かってきました。二つの世界はきちっと分かれていて、あの世は本来の「極楽の世」、この世は前世でいろいろ悪いことをした人間にカルマを解消させ、さらに魂を成長させる「監獄」兼「勉強」のための世だということになりそうです。

この世ではカルマを解消するために一所懸命勉強したり働いたりしなければいけません。前世のことは覚えていないし、あの世が極楽だということも忘れています。しかも自殺してはいけないという情報がＤＮＡに書き込まれています。大変ですが、可能性はいろいろあります。それがこの世といってもよいようだと、私は考えています。

私たちの魂の故郷はどうも「あの世」か、もっとちがうところにあるのではないでしょうか。ともかく、この世ではないようです。

繰り返しになりますが、善行を積むことを「ダルマ」、悪い行いを残すことを「カルマ」

といいます。

人間は主としてカルマを返すためにこの世に生まれてきたようです。

だからこの世は寄宿舎のようなもの、もっといえば監獄のようなものだといえるのです。考えてみれば制約だらけ、悩みだらけといってもいいほどです。この世ではほとんどのことが決められて生まれてきますから自由が余りなく身動きがとれません。だれもが努力して、競争しなければ生き残れないところもあります。他人には負けたくないという気持ちも出てきます。向上したい、出世したいという気持ちも強く出てきます。そういうこの世は、少なくとも私のいう「自由な世の中」ではありません。未来までほとんど決められている不自由なところです。

いまこの世にいるほとんどの人、おそらく九十%くらいの人の主な仕事はカルマの解消をすることだと思います。カルマを解消できた人が、世のため人のためにダルマを行います。しかし、それらができる人は非常に少ないでしょう。カルマを解消し、充分にダルマを行っている人はこの世に生きている人の〇・五%か〇・六%、多く見積もっても一%くらいではないでしょうか。そういう人は、いい世の中をつくる使命をもっているのだと思います。結論的にいえば、この世をいまの地獄のようなものからあの世のような極楽にすることがその人たちの役割といえそうです。ティルムルガンさんや多母さんの言によるとこれから二十〜三十年の間に、この世は極楽になる可能性が大きいということです。

とりあえず、いまのこの世の中に住む大半の人の仕事はカルマを返すことだと理解してください。そのために、この世に生まれてくるとき自分のなすべきことをわれわれはほとんど決めてきたようなのです。結婚する相手とか、自分がいつ死ぬかまで、ほとんど決めてきたようなのです。

人生の九十%が決まっているという理由は、どうやらこのようなことらしいのです。だからスブラマニアン・ティルムルガンさんなど、高度な占星学者には、過去から未来まで分かるのだろうと思います。

ホーマムの祈り

日本人の平均寿命は次のように推移してきたといわれています。

・四〇〇〇年前＝十八歳
・二〇〇〇年前＝二十二歳
・六〇〇年前＝三十五歳
・五十年前＝五十歳

・現在＝七十八歳

私は二、三十歳で死んでしまったら世の中のことは何も分からないと思うのです。もっとも、人類は大昔、つまり四〇〇〇年前や五〇〇〇年前よりはるか昔には、一〇〇〇年も二〇〇〇年も生きていたのではないかと思うことがあります。一〇〇〇歳、二〇〇〇歳まで生きただろうということです。それが極端に短くなってしまった理由は多分、エゴが発生し今のようなこの世ができてしまったことにあると思います。

少なくともあの世ではこの世にいるよりは本当のことが分かるはずです。ともかくこの世ではカルマを解消したら大きな目的は達するのですから、何も世の中の真理など分からせる必要はないとサムシング・グレートは考えたのかもしれません。それで寿命が短くなったのではないでしょうか。

もちろん、これは私の仮説にすぎません。しかし、私にはどうもそう思えて仕方がないのです。

人類は本来、その魂というか本質レベルではすべてのことを知っているはずなのです。ところが、この世に生まれてきた時には、いつも一から覚え直すのです。そういうことを繰り返していて、さっぱり人間性も人間力も成長しないのがこの世であり、この世の人類だと思います。

この世というのは、何事もほとんど決められていて自由がありません。拘束ばかりで、夢も希望もほとんどない世界です。実際に地獄のようです。

明らかにこの世の地球人のレベルは低いといえます。また、低い想念の持主ですから、地球人はあの世にも地獄をつくってしまったようです。それはモンローのいうフォーカス23から26の世界です。幽界とか魔界とかいいますが、あきらかにそれは地獄界といえそうです。そこでは、死んでも救われない魂が、現に多く存在するようです。これは地球にとっても人類にとっても非常に不幸なことだと思われます。

私は本来なら、カルマなどは「スミマセン」と心の底から謝ったら、すぐに消えてしまうようなものだと思うのです。と考えると、カルマなどいっさいない、もっといいこの世にしなければならないと思うのです。

現に、スブラマニアン・ティルムルガンさんは「ホーマムの祈り」をすればカルマは消えるといっています。

本書の冒頭で紹介した佐藤さんご夫妻は、インドでそのホーマムの祈りを受け、その著『あなたはなぜ生まれてきたのか』の中でその様子を書いていますので、どんなふうにカルマが消されるのか、それを少し見ておきましょう。

〈ホーマムのお祈りであるが、寺院で長時間かけて行い、お祈りに関しては、現地の大勢

の人々のサポートを受け、多くのお供え物が準備されて儀式に供される〉
〈お祈りは寺院の中の一定の場所で行うが、そこにいろいろとお供え物が置かれ、その中ほどにレンガで囲炉裏のようなものが組み立てられており、火が焚かれている〉
〈お祈りの際には、囲炉裏の周りにお坊様が少なくとも三人から四人立会い、有り難いサンスクリット語のお経を早口で唱えてくださる。これがマントラと呼ばれるものである。マントラをお坊様たちが唱える間、薪だけではなく、果物やたくさんのハーブ、油、蜂蜜などがどんどん囲炉裏にくべられていく。時折、煙たいと思うときがないわけではないが、ハーブなので煙を吸ってもむせることはなく、逆に何となく皆さん体調が良くなる。そして、教えてもらったマントラの一部を一緒に唱えながら、自分たちもハーブなどを次々とくべていく。ハーブのかごも相当な量にのぼる。
時間の方は、準備時間も含め通常五時間ほどであるが、準備の間を休ませてもらうと、実質的には三時間半から四時間くらいが標準的なものである〉
このホーマムの祈りにはものすごいご利益があると、夫妻は記しています。
私はティルムルガンさんの話の中で「ホーマムの祈りをして、カルマを解消しよう」という発想が大嫌いでした。今でも多少ひっかかっていますが、それでも最近は純心な人たちの祈りは、世の中を正しくするし、カルマも解消するはずだと、思いはじめました。ただ、基本的にはこんな面倒な祈りなどをしなくてもよい世の中を早くつくりたいものだと思っています。

第六章で詳しく述べますが、この世は全部「波動」なのですから、悪い波動など純な人たちの悪い波動を消そうという祈りですべてすぐに消えてしまうのでしょう。だから、こうしたホーマムの祈りでカルマの解消もできると考えられます。

ともかくこんなふうに、いまのところはお金もかかって時間もかかって労力もかかるというのが第三者頼みのいまのカルマの消し方ですが、私はもっと簡単にカルマを消す方法があるはずだと思っています。それはどういう方法なのか、近い将来に必ず見つかるような気がしています。

「天の理」「地の理」

「この世」と「あの世」がどう違うかということは、「あの世」を覚えている人々の証言などから**図表③**のように理解できます。これは、私が、いままでの研究をもとにつくった表です。

あの世が大らかでゆったりとしているのに対して、この世はエゴに囚《とら》われ、差別や秘密、

図表③

「あの世」	と「この世」
自分のことは二の次	自分が何より大事
名前など不要	すべてに名前がある
まとめて考える	分けて考える
区別、差別なし	区別、差別をする
秘密がない	秘密をつくる
例外こそ大事	例外は無視する
比較しない	比較する
感性と良心に従う	理性で大義名分をつくり、それに従う
本音と建前が一緒	ウソも方便、本音と建前は別
競争は悪、しないほうがよい	競争は善
自由	不自由

ウソ、競争といった原理に縛られていることが一目で分かると思います。

いまのこの世の中で非常に苦労している人がいますが、それは前世でカルマをつくってしまったということです。いま、この世ではカルマを解消するために生きなければなりません。この世では、悪いことをした責め苦はすべて負わなければならないのです。それで大変苦労して、心労も絶えないと考えればいいのです。しかしこの世でカルマを解消しておかないと、死んでからもまたこの世に送り返されてきます。その意味でも「この世は監獄」なのです。これまでの行いを反省して、正しい道に入るための修練の場といってもいいでしょう。

ところで、私はこの世を動かしているルー

ルを「地の理」といっています。あの世は宇宙というか大自然の普遍的なルール、いわゆる「天の理」の下にあると考えらえます。

この地の理と天の理の違いについて一言しておけば、図表③のあの世とこの世の違いとほぼ一緒だといっていいでしょう。エゴなど自分中心、競争、嫉妬心が支配している世界のルールが「地の理」です。それに対して「天の理」は愛、バランス、無私といったことがキーワードになり、それらによって運営されているようです。

地球上のこの世はこれまで一〇〇%といっていいほど地の理に従って運営されてきたといえましょう。ところが最近不思議なことに、この世でも天の理に従ったほうがうまくいきだしたのです。地の理発想ではうまくいかなくなりはじめました。資本主義は地の理、つまりいまのこの世のルールに従った究極のものともいえます。それがなかなかうまく機能しなくなってきていることは日々のニュースやイラク戦争の「その後」などを見てもお分かりだろうと思います。エゴ、対立、競争中心の世界はうまくいかなくなってきていま す。いまや「地の理」に従った資本主義は調和を崩し、環境を破壊する矛盾だらけのシステムだということがはっきりしてきました。

資本主義の社会で大事なのは、結局は自分とお金ということになります。

生きる最大の目的は所有欲、名誉欲、権力欲など、あらゆる我欲の追求です。その欲望を実現するために人類は大量生産・大量消費というシステムをつくり上げました。その仕組みはこれまで一貫して、自然や環境を犠牲にしてきました。いってみれば資本主義は天の理を踏みつけにしてエゴを拡大させ、拡大に次ぐ拡大をしてきました。しかしそれもどうやら限界にきたというのが、二十一世紀初頭の現在の状況といえるでしょう。

資本主義の欠陥は長引く不況、失業率の増大、金融システムの崩壊、あるいはイラク戦争などにはっきりと表れています。地の理の破綻というべきでしょう。

いまや、天の理に従ったほうがすべての面でうまくいくようになりつつあります。だから、これから世の中は変わると思います。ものすごく変わるのではないでしょうか。また、いままでの地球上の仕組みではうまくいかなくなりつつあるわけですから、変わらなければ地球も生きてはいけないでしょう。

天の理に従うように上手に変えていくべきだと思います。図表③を見てください。あの世では「自分のことは二の次」です。「名前などは不要」なのです。あの世には「自分がない」ようなのです。早くそんな「無私」の世の中にしていかなければならないと思うのです。

天の理に従っているあの世は完全に極楽といってようようです。この世の地獄とは無関係のようです。

森田健さんのあの世体験によれば、フォーカス28という極楽のようなあの世に入ろうとするとき、門の前で門番がいて「あなたはだれだ」と訊かれるそうです。そのとき「私はだれそれだ」と答えたら、あの世のドアは開かなかったのです。では、どう答えればいいのか。「私はだれでもありません」と答えれば、あの世のドアが開いたといっています。

象徴的なエピソードではありませんか。あの世は「無私」の世界なのです。

図表③にもあるとおり、あの世は「区別、差別なし」「秘密がない」「比較しない」「本音と建前が一緒」の素晴らしい世界のようなのです。この世を、そのような世界に変えようではありませんか。

その人その人の徴を読み解く

この世という監獄の中で苦労しているたいていの人は、前世でカルマを背負ってしまった人だというのは、エドガー・ケイシーの「ライフ・リーディング」（次章で詳述）を見ればとてもよく分かります。

その人の前世がどうだったから現在はこうなっているのだとか、また奥さんの前世がどうだったからこうなのだとか、ライフ・リーディングによるとみな因果関係が答として出てきます。この世界には、一人ひとりの魂についての記録が残っているもようで、それをエドガー・ケイシーさんは「アカシック・レコード」と呼んでいます。それを読んだケイシーさんの答えです。

スブラマニアン・ティルムルガンさんの起源占星学も六爻占術も、そして大森和義さんのライフコンパスも、みな生年月日を重視します。それは共通する点です。ということは、ある人がこの世でどう生きなければいけないのか、その人たちにも、勉強すればそれが分かるように、サムシング・グレートは人間に何か徴《しるし》をつけて生まれさせてくれたようなのです。その徴が生年月日であり、名前なのだと思います。

そうした徴を解読できれば人々の運命も読み解けることになるようです。私の周りにもそんな能力をもった人は大勢います。岡田多母さんもそうだし、いま売れっ子の易者・洸《こう》西暁子《ざいあきらこ》さんという女性もそうです。美人で霊感の強い女性です。彼女の易はよく当たるといわれています。

彼女は「九星気学占い」を行います。九星とは、一白、二黒、三碧、四緑、五黄、六白、七赤、八白、九紫という九つの星のことです。誕生日によってだれでも、この九星のどれかに属します。九星気学はこの九つの星の循環関係から、その人の性格や運勢、方位の吉凶などを占うようなのです。

私が洗西暁子さんと出会ったのは、いまから六年ほど前のことです。

四国の高松市へ講演に行ったついでに、剣山《つるぎさん》に登ろうと思ったのです。剣山というのは徳島県三好郡東祖谷山村にある県内の最高峰です。標高は一九五五メートル。信仰の山、霊山といわれています。その山へ五十人くらいのメンバーと一緒に登ったのです。

ところが、登山途中で台風がきてしまいました。私はその日のうちに東京へ帰らなければならない用事がありましたから、昼の十一時ごろ、一五五〇メートルあたりの山の中腹から引き返すことにしました。剣神社の境内から山を下りはじめました。その時、山伏の格好をした女の子に会ったのです。それが洗西暁子さんでした。修験者の格好をして、白い大きな犬が彼女の横にいました。「私、これから登るんです」といいます。私は十五人くらいのメンバーと一緒にそのまま山を下りましたが、残りのメンバー三十五人くらいは彼女といっしょに山へ登っていきました。台風の中の登山です。

それから四、五日したら彼女から手紙がきました。不思議な縁ですが、それがきっかけになって彼女は、船井総研へ入社したのです。

その後、独立した彼女は易者になりました。その洗西さんも、「仕事を通じて分かることは人生の大半は決まっているようだ」といっています。

難波田春夫さんとの出会い

私は夜の十時前には寝て、朝四時前には起きます。そして新聞を読んだり、コンサルティングの資料をまとめたりしたあと、勉強をはじめます。朝のうちに普通の人の一日分くらいは勉強してしまおうというわけです。そんなふうにして、これまで何十年間もちょっとでも多く余暇時間をつくり、その時間は主として「人間」についての勉強をしてきました。

私がどうしてこういう勉強をするようになったのかということを述べておきます。

社会人になってしばらくはマルキスト（マルクス主義者）でした。地主、小作制度のあった時代に生まれ、農家出身で農業を本業とし、そのうえ京都大学で農業経済学を専攻したのです。生まれながらに働かないで搾取するというシステム（地主制度）が大きらいでしたから、敗戦という時代背景もあり、まずマルキストになりました。まったくの唯物論者でした。

唯物論というのは、精神よりも物質に重きをおく思想です。霊魂や精神、意識といったものはほとんど認めようとしません。精神にしろ意識にしろ、それは脳髄という物質の反映だと考えるのですから、いまの私とは正反対の思想です。

ところが二十九歳のとき、私は最初の家内を亡くしました。その直前には父親も亡くなっています。それで、人は死んだらどうなるのかと強く考えはじめたのです。死について真剣に考えはじめたわけです。

それまでは若かったし唯物論者ですから、死後のことなどはいっさい考えませんでした。ところが、父のときはまだそれほどでもなかったのですが、最初の家内を亡くしたときは、死後のことやあの世といった問題が、切実にわが身に突き刺さってきました。人間は死んだらどうなるのか、肉体は消えるけれども魂があるのか、それもまた消えてしまうのか、魂は残るとしたらそれはあの世にいくのか、あの世はあるのか、あるとしたらそれはどういう世界なのか、また生まれ変わり（輪廻転生）はあるのか……そうした疑問が雲のように湧いてきたのです。

それがいまのような「人間」や「あの世」の勉強をはじめるきっかけでした。

といっても、マルクス経済学や農政学は勉強してきましたけれども、この種のことには縁がありませんでした。どうして勉強していいか、皆目分かりません。そんなときに勉強の仕方を教えてくれたのが、難波田春夫という先生でした。

難波田春夫さんは、戦前の東大、京大の教授です。経済学者であり、哲学者でもありました。東大では元総理の福田赳夫さんと同期で、難波田さん、福田さんは、絶えずトップ争いをしていたと聞いています。東大卒業後はすぐ東大助教授になられました。それくらい優秀な方です。戦争中、少し右寄りになっていたというので、戦後はパージ（公職追放）に遭って国立大学を辞めざるを得なくなったため、早稲田大学の教授になられたというような経歴の方です。

難波田さんが早稲田の教授をしていたころのことです。私は通産省に頼まれて、欧米、特にヨーロッパへ流通業の調査に行きました。一九六五年ごろのことだったと記憶しています。その日はロンドンにいて、たまたま休みだったので大英博物館に行きました。そこで難波田さんと知り合ったのです。ちょっと変わった日本人だなと思ったのが最初の印象です。それがきっかけで、精神世界のことをいろいろ教えてもらうような関係になったのです。

難波田さんがすごく偉い先生だということは、実は日本へ帰ってから知りました。知人たちに難波田さんのことを訊いてみると、東大、京大を卒業した人はみな知っているのです。ほとんど全員が先生に習っていたのです（前記のように私も京大出身ですが、戦後のことですから難波田さんのことはお会いした時には知りませんでした）。

先生は大英博物館で、死後の世界についてはスウェデンボルグさんという研究家がいて、生きながらあの世とこの世を行ったり来たりして、それを記している。それが『霊界日記』で、ここにあるよ、とていねいに教えてくれたのです。それから、エドガー・ケイシーさんのことを教えてくれたのも難波田さんです。

先生は八十八歳でお亡くなりになりましたが、亡くなる前の年まで毎年、「船井流経営戦略セミナー」のために夏に一回、講演に来てくださいました。最後はもう椅子に座っての講義でしたが、二時間、難波田哲学をお話ししてくださいました。

私は、この難波田さんに教えてもらってエドガー・ケイシーさんやスウェデンボルグさんを知ったのです。そのあとは一九七五年ごろ、イアン・スティーヴンソンというヴァージニア大学の教授に、生まれ変わりがあるということを確信させられました。

スティーヴンソン教授は、前世を記憶する子供たちのフィールド・ワークの第一人者でした。生まれ変わりの話を聞きつけると、世界中どこへでも飛んで行ってとことん調べた学者です。一九五四年から二十年間、インドやアラスカなどを中心に、延べ二〇〇〇ケースを調べたといいます。信用できないものがだいぶ多かったそうですが、いろいろな角度から科学的に検討した結果、インチキでも幻覚でもないといえるケースが二十例ほど残ったといいます。そうして書いた本が『前世を記憶する20人の子供』(叢文社刊)です。一般向けの概説書で、生まれ変わりのケースが詳しく紹介されています。「生まれ変わり」

生を科学的に実証した驚くべき記録といわれています。

がどんな意味をもつのかということについても詳しく書かれていますから、史上初めて転生を科学的に実証した驚くべき記録といわれています。

スティーヴンソン教授の本では、もう一冊『前世を記憶する子供たち』（日本教文社刊）も翻訳されています。これらの文献を読んで、一九八〇年（昭和五十五年）ころには私は前世があるのは間違いないなと確信していました。当時書いた本に、ベストセラーになった『包み込みの発想』（ビジネス社刊）がありますが、できれば御一読ください。私が、精神的なことについて解説した最初の著書です。

ところで、経営者というのは常に悩んでいます。

難しい局面で、その都度意思決定をしなければなりません。いろんな方が、経営コンサルタントである私にアドバイスを求めてきました。

経営コンサルタントはそういうとき、人間のあり方やあの世とこの世の関係、さらに人間は何のために生まれてきたのかとか、そうした「世の中の仕組み」を知らないと適切なアドバイスはできないものなのです。それでより一所懸命このような根元的なことを知ろうと勉強せざるを得なかったわけです。その結果、われわれの本質（魂）は不死であり、肉体は死んでも魂は残る。また多くの人間が生まれ変わってくることはほぼ間違いないと、より強く、確信をもつようになったのです。

その間に前世を覚えている人と知り合ったり、不思議な現象とも数多く出遭いました。本から学ぶだけでなく、この現実の中でもいろいろな体験をしてきました。そういう場面で私に一番勉強させてくれたのは、いまのところ、日本人では森田健さんです。そして岡田多母さんでした。

特に森田さんは、この種の私の研究にとっては、私の最高の先生です。なぜなら、彼はいつも私のもっとも知りたいことに取りくんでくれ、私の仮定しているのと、同じ答を引き出してくれるからです。

［第三章］

近い将来、この世は「楽園」に変えられる

（Ⅰ）「未来は変えられる」エドガー・ケイシーさんのリーディング

二十世紀最大の予言者

これまで見てきたように、私たちもどうやら人生を九十％以上決めてくるようです。とすれば、未来もほぼ決まっているということになります。それを前提にして、森田健さんや洸西曉子さん、そして特にスブラマニアン・ティルムルガンさんなどは、易や占星学で分かるといいます。

ティルムルガンさんは、未来の日時に実にこだわります。何月何日の何時にこんなことをしなさい、そうしないとこうなるなどというわけです。

ところが私は、そういうことが大嫌いなのです。私の人生観は、できるだけ「こだわらず、好きになり、ありがとう」ということですから、どうも縛られるのは好きではありません。いや、むしろ、物事にこだわるのは大嫌いなのです。

私はそんな人間ですから、未来はほぼ決まっているとしても、それががっちり固定していて、一寸たりとも動かすことはできないのだといった見方は好みません。ほぼ決まっているにしても、「未来は変えようがあるのではないか」といった考え方のほうにずっと惹かれます。

そもそも「運命」の「運」という文字は「運ぶ」「動く」といったダイナミックな意味をもっています。つまり、宇宙の本質である「限りなき創造変化」「絶えざる生成」を意味する文字ですから、運命は変わるものだ、と思っています。いや、運命とはどこまでもダイナミックに生成変化させていいものだと考えているといったほうがいいでしょう。

「二十世紀最大の予言者」であるエドガー・ケイシーさんも、「未来は変えられる」という意見です。私も、未来は変えられるという彼の意見に与《くみ》したいと思います。

エドガー・ケイシーさんは一八七七年にケンタッキー州で生まれています。少年時代から不思議な能力をもっていたようで、小学生のときは教科書を枕にして寝るだけで、そこに書かれていることが全部分かってしまったといいます。周囲の人の証言も残っていますから、それは事実でしょう。実際に彼は、飛び級で進級しています。

彼は熱心なクリスチャンで、後には写真技師になっています。しかし彼の名を高めたのは、過去・現在・未来から宇宙や病気のことまで、あらゆる質問に彼は即答することができたことです。彼には普通の人とは違う特殊な才能があったのです。それは「リーディング」と呼ばれています。彼がトランス状態にあるときいろいろな質問をすると、無意識状態の彼から的確な回答が返ってきました。

ケーシーさんのリーディングはユニークで、トランス状態に入ってからほかの人が彼に質問をして、速記者が彼の話したことを書き取るという形で進められました。やがて彼は、リーディングの仕事をすることが「神の意志」なのではないかと自覚するようになっていったのです。

彼が得意としたリーディングは「病気治療」でした。

エドガー・ケイシーさんは医者ではありませんが、病気についてはなんと八九八五件の質問と回答が残されています。いずれも具体的で、薬の用い方、手術方法、運動療法など、医学的見地から見てもまったく正しいものだといわれています。彼のリーディングによって、奇跡的に難病が治ったケースが何千とあるのです。

このリーディングは、一九〇一年から彼が亡くなる前年の一九四四年まで行われ、そのすべてではありませんが、それでも一万四二五六件が記録として残されています。その内容は、いま述べた医療関係の「フィジカル・リーディング」のほかにも、人生の諸問題を扱った「ライフ・リーディング」や、政治、哲学、歴史分野の「ワールド・リーディング」があります。

フィジカル・リーディングの例としては、第一次世界大戦のとき、戦場に送られた兵士たちの安否を予見したケースが挙げられます。戦争がはじまると、息子たちを戦線に送り出した肉親がその安否を気づかい、彼のところへリーディングの依頼にきたのです。一日に何百人も押しかけてきたといいます。彼はそうした質問にも答えています。

ワールド・リーディングの例としては、有名なアメリカに対する危機の予言があります。たとえばアメリカについてはこんなことをいっています。

〈近い将来、大小の物理的変動がアメリカ国中に起こるだろう。特に大きな変動は北大西洋海岸線に起きるだろう。ニューヨーク州、コネチカット州などの近辺に注目すべきである。東部海岸の多くの地域、また西部海岸の多くの地域、そして合衆国の中央部などにも変動が現われるだろう。ロサンゼルス、サンフランシスコなどはニューヨークよりも早く、そのほとんどが破壊されるだろう。主にニューヨーク州の現在の東海岸、あるいはニューヨーク市全体が消滅していくであろう。しかし、このことが実際に起こるのは次の時代であろう。それよりももっと早く起こるのはカリフォルニア州、ジョージア州の南部が消滅することである〉

エドガー・ケイシーさんはさまざまな予言を行いましたが、百発百中でした。彼のリーディングを知り、それを研究すればするほど、私だけではなくほとんどの人の人生観が変わると思います。とにかく、彼のリーディングには証言者が何百人、何千人といるし、記録も残っていますから説得力があるのです。

虚心坦懐に見れば、彼のリーディングはその時点におけるまったくの正しい解答であったと判断せざるを得ません。だからこそ私はエドガー・ケイシーさんを「二十世紀最大の予言者」と呼んでいるのです。

そんな彼に、「将来は変えられないのか」と訊いた人がいます。それに対して、エドガー・ケイシーさんはこう答えています。「将来は決まっているけれども、われわれの意識によって変えることもできる」と。

また、彼の本の一節にはこんなくだりもあります。

「未来のなりゆきは、常に人間の自由意志にかかっている」

この答が正しいとすれば、人間の意志によって未来は変えられることになります。私も変えられると思います。また、そうでなければ楽しくありません。

二つの「地獄」

私の意見では、何十万年か昔、地球上の人間にエゴが発生したときから、世界は大きく変わったのだと思います。これは劇的に変化したはずです。

岡田多母さんもいっていたように、大昔、人間たちに嫉妬心はありませんでした。やきもちを焼くスイッチは「ＯＦＦ」だったようです。それが、ある時「ＯＮ」になったから、エゴが発生したと思えるのです。

エゴが発生すると、それにまつわっていろいろな想念が湧いてきます。

想念は「波動」として把えられますから、そうした想念はすべて波動になって広がっていきました。さまざまな邪念が生まれたり、欲望が鎌首をもたげたりします。人間はこまごまとしたルールをつくるようにもなります。その結果、それまではあの世もこの世も一体のようなもので極楽だったのに、まず「この世」が制約だらけになりはじめたと考えられるのです。

そっくり同じではありませんが、旧約聖書に書かれている、イブが「食べてはいけない」といわれていた木の実を食べたために、アダムとイブがエデンの園を追放された挿話を思い出していただければ、話は分かりやすくなります。聖書の読み方は第二章で述べたマタイ伝同様に、このように、ちょっと飛んで考えるとよく分かります。「木の実」とは「嫉妬心」のことで、「食べた」というのは「ＯＮになった」ことと、少し飛躍して考えればよいでしょう。

この世の制約とエゴが増えた結果、さらにあの世にもこの世で死んであの世へ行った人のこの世的想念が広がっていったようです。あの世は本来極楽なのに、それを信じないで、あの世にも地獄があるはずだと思い込む人が出てきたからです。

したがっていまは、あの世にも地獄の世界ができてしまったようです。それは幽界とか魔界といわれるところです。世の中はそんな構造になってしまったのです。

この世もあの世も本来は極楽だったのに、それがバラバラになり、この世が地獄になり、さらにあの世の一部にも地獄ができてしまった…そんな世界になってしまいました。その結果、地球も人類もだんだん窮地に追い込まれてきたというのが現在ではないでしょうか。

若者の意識が変わりはじめた

いまのような、多くのことががんじがらめに縛りつけられているような世の中は変えなければならないと思います。また、変えられると思います。ただし、そのためにはこの世の人々の意識を変えなければ難しいでしょう。意識さえ変えられたら、この世も変わるはずです。

第四章で詳述しますが、いま有識者が心配しはじめた地球がフォトン・ベルト（光エネルギーに満ちた宇宙領域。そこを通過するのに約二〇〇〇年という、気が遠くなるような時間を要する）に突入したり、あるいはシューマン振動波（地球の電磁気場の振動リズム。地球の振動数のようなもの）が変わってきたり、ニビルという星（火星と木星の間を交差し、公転周期約三六〇〇年という巨大な楕円を描く星）が近づきつつあるというのは、どうやら間違いない事実といえます。

これは地球に対する宇宙の態度が変わってきたと同時に、地球自体も変わってきているということです。それとともに人間も変わりはじめました。私がそう思いはじめたのは、若い人たちの意識がどんどん変わってきて、生まれながらにしてまったく新しい意識をもった人が出てきつつあることを知ったからです。

具体的な例を挙げます。

今年（二〇〇三年）の五月中旬のことでした。

日曜日に急に熱が出て、月曜日の朝はキツいので自宅で休んでいたら、会社（船井総研）の秘書から電話がかかってきました。フジテレビの人と窪塚洋介という人が取材に来ていますというわけです。「窪塚洋介」といわれても、ほとんどテレビを見ない私は、有名な若手の俳優さんだということを知りませんでした。だから、キツいから断ってほしいと言いました。ところが秘書は、有名な方だからぜひ来てほしいというのです。

それは、五月十八日の日曜日に放送されることになるドキュメンタリー特番「地球維新

～PIECES OF PEACE～」の取材でした。窪塚洋介さんが、ぜひ私と話をしてみたいというので会社までみえたのです。もちろん、私の秘書とは、打ち合わせが終っていて、私もそのことを聞いていたようなのですが、ほとんど忘れていたのです。私が会社に着いたときにはもうテレビカメラが準備を終っていました。

訊くと、窪塚さんは二十四歳だといいます。そんなに若いのに、本書で述べたような話については、実によく分かる青年でした。テレビでは流せないような精神世界の話をして非常に盛り上がったのですが、まさに打てば響くといった感じで、窪塚さんの反応が速いことや、いろんな知識について深く知っているのに、私は驚きました。放送された私との対話は短い時間でしたが、私は本当に話の分かる若い人が出てきたな、という実感をもちました。

女の人でもそういう人が出ています。『あなたは絶対！運がいい』（グラフ社）という本を書いて、大人気作家（？）となった浅見帆帆子さんがそうです。グラフ社から彼女との対談本を出すということで先日対談したのですが、彼女も本当に見えない世界や、聞こえない世界のことがよく分かっているのです。彼女は二十六歳です。

こんなふうに、真実がよく分かっている若い人たちが次々と出てきたのは心強い限りです。若い人たちの意識は、すでに変わりはじめているようです。

五月十七日土曜日。私は日本青年館の大ホールで「第一回・人間塾セミナー」を開催しましたが、これにも会場に入り切れないほどの人が集まってくださいました。一七〇〇通の応募があって、当日の聴衆は一五〇〇名を超したのではないでしょうか。会場に入り切れないほどの人でした。

そこで私は「人間塾」について基調講演をしました。本書の内容を話したのです。非常に話しやすいムードでした。多くの人たちと違って見えない世界のことの分かる人たちが、あのように多く集まってくれるのを見ていると、地球の未来もそう暗くはないなと実感しました。

六月二十日に秋田県小坂町の康楽館（日本最古の芝居小屋）で「第二回・人間塾セミナー」を行ないました。人口一万人強の田舎町の六〇〇人しか入らない会場が、超満員でびっくりしましたが、ここでは、年輩の人たちの意識も変わりはじめているのを実感しました。

原因の世界と結果の世界

未来を変えるというのは人々の意識を変えること、世の中の構造を変えることです。

図表④　世の中の構造

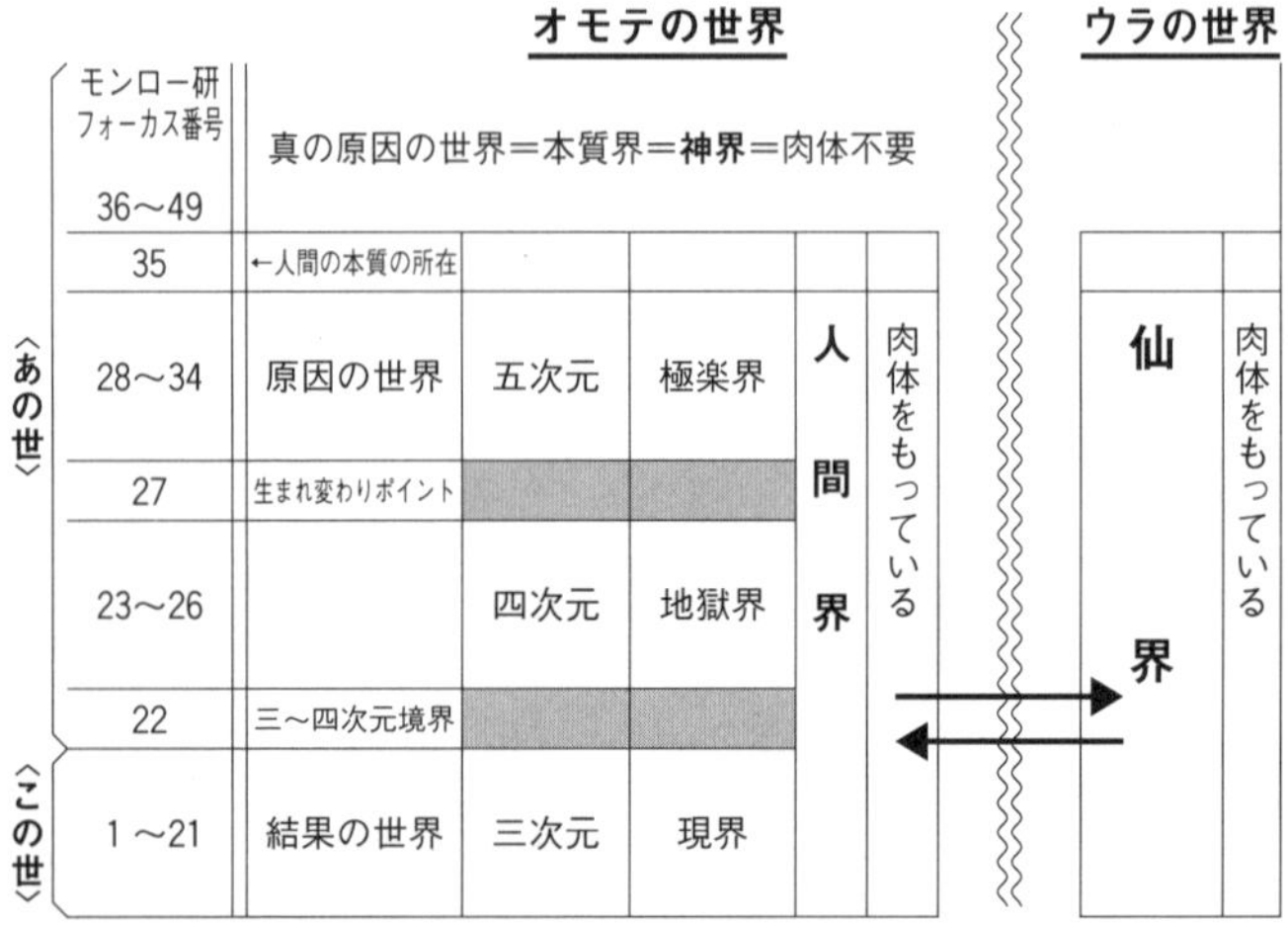

モンロー研フォーカス番号				オモテの世界			ウラの世界	
36〜49		真の原因の世界＝本質界＝**神界**＝肉体不要						
	35	←人間の本質の所在			人間界	肉体をもっている	仙界	肉体をもっている
〈あの世〉	28〜34	原因の世界	五次元	極楽界				
	27	生まれ変わりポイント						
	23〜26		四次元	地獄界				
	22	三〜四次元境界						
〈この世〉	1〜21	結果の世界	三次元	現界				

そこで、世の中の構造はどうなっているかというと、**図表④**のようになっているように思うのです。

図の左側から説明をします。

世の中はまず「あの世」と「この世」に分かれています。

これは本来、一体のものだったのですが、嫉妬心のスイッチを「ON」にしたため、完全に別々の世界になってしまったと思われます。

「フォーカス」というのは、ロバート・モンローさん（前述）の考案した数値です。上へ行くほど意識のレベルが高くなる、と理解していただければいいでしょう。

モンロー研究所で幽体離脱体験をしている森田健さんの解説も参考にしながら話を進め

れば、大づかみに次のようにいえます。
①1～21＝普通にいうところの「この世」。私たちがいまいる、この世界です。
②22＝「この世」と「あの世」の境界。
③23～26＝「あの世」ではあるけれども、そこにいる人たちがまだ何かにとらわれているレベルです。目を右にずらしていけば、ここが「地獄界」だということが分かります。
④27＝真の「あの世」や「この世」へ行くための生まれ変わりポイント。
⑤28～34＝①の「この世」の「原因」をつくっている実在の世界。「あの世」です。
⑥35＝同じ「あの世」ではあるけれども、私たちの本質（魂）が常に存在している世界です。
⑦36～49＝神の世界と考えてください。真の原因の世界になります。ここでは体は不要というかありません。フォーカス35までの場合は、体が必要なようです。
フォーカス1から21が「この世」です。ここは三次元の世界です。ここはフォーカス28以上の「原因の世界」が投影された「結果の世界」、実体は幻影のような世界だと理解することができます。

もっとも、同じこの世でも意識のレベルには差があります。たとえば「フォーカス10」

というのは、体は眠っているけれども意識は明らかな状態で、「フォーカス12」は意識が拡大した状態で自分の守護霊などとのコミュニケーションも可能な状態といった具合で、意識レベルで違いがあります。

そして、この世の上に三次元と四次元の境界があります。それが「フォーカス22」です。四次元になると、われわれが普通知覚している縦・横・高さという三次元空間に「時間と空間」の要素が加わります。

この境界を通過すると「フォーカス23」です。ここから上があの世の地獄界です。あの世は本来極楽だったのに、そこに地獄ができてしまったのは前述したように、あの世は極楽だと信じないで、あの世は地獄だと思っている人が死後あの世に入ってきたからです。そういう人はみな、あの世でも地獄界へ行きます。そうでない人は死ねば極楽へ行きます。極楽を信じない人たち、そして成仏しない人たちが行く地獄の世界だと考えていいと思います。

だからこの23〜26は、まだ「囚われの世界」といえます。想念が層をなして、ひとつの世界を形づくっています。23というのは自分が死んだことを全然意識しないような人間がいつまでもいるところです。また自分は人の病気を治してあげなくてはいけないな、などと思う強い信念を持った人が集まっているのがフォーカス26です。

こんなふうに、意識のレベルは全部細かく分かれているのです。

そして「フォーカス27」に生まれ変わりポイントがあります。

先に記したように、極楽界に入ろうとするとき「あなたはだれだ」と訊かれて、「私は某々だ」と答えるとドアは開きません。「私はだれでもない」と答えて初めてドアが開くのです。あのドアは、27と28の境にあると思われるのです。図の右の方を見れば、このフォーカス27があの世の中でも極楽界と地獄界を分けている中間点であるのが分かります。

フォーカス28から34までが、本当のあの世。真の極楽です。そしてここは五次元の世界になっています。四次元にさらに加わる新しい要素は何かというと「光」です。

28以上には、自分というものはほとんどありません。自他の区別もないし、差別もありません。こだわりもなければ、名前もない世界です。本当のあの世です。ここには因果律もないようです。ただひたすら「楽しい」世界です。また、ここでは前世も現世も来世もみな重なり合っているのです。思ったところへ、いつも行けるようになっています。

あの世である五次元の極楽界のいちばん上にあるのが「フォーカス35」です。

実は私たちすべての魂はここにあります。

つまり、われわれの「魂の本質」はこの35にあるのです。この本質が、自らの分身をフォーカス1から34に派遣しています。われわれ、この世の人たちは、魂の本質は35にいながら、35にある本質の分身が入った肉体がこの世にいると考えられるわけです。

フォーカス35は「地球における原因の世界」といってもいいし、「実在の領域」と呼んでもいいでしょう。ここは私たちの「真の思い」が結実している素晴らしい世界であるはずなのです。ところが私の見るところ、その素晴らしさが「この世」には投影されていません。それは私たちがエゴやこだわりにとらわれてあの世に地獄界をつくってしまっているからだと思います。

ここは重要なポイントなので、繰り返します。

私たちの本質、私たちの魂はフォーカス35、つまり「あの世」にあります。「この世」は「あの世」の投影なのです。だから「原因の世界」に対して「結果の世界」となっているのです。つまり、「あの世」がなくなれば、「この世」もなくなってしまいます。逆にいえば、私たちはフォーカス1から21の「この世」にいると思っていて、それは正しいのですが、私たちの本質は実はフォーカス35の「あの世」にいるのです。私たちの肉体に入っているのは、本質の「分身」なのです。それは、当然フォーカス35レベルの能力を持っています。だからこそ、森田健さんが実地体験したように、幽体離脱をして「あの世」にも行けるし、また生まれ変わったりすることもできるわけなのです。

これが人間界の実態といえそうです。

神界と仙界

人間界と神界（神の世界）の違いは、人間には肉体が必要だけれども神界にはそれが不要だということです。

私たちは幽体離脱をして極楽界に行っても、また五次元界にいても四次元界にいても、いつも薄い軽い肉体をもっています。上へ行けば行くほど軽い体、薄い体になるようですが、とにかく体はもっているのです。

ところが神（神という存在）になると、体は要りません。体は不要なようです。そしてここが「真の原因の世界」といえます。

ここに述べたことは、いろいろな人がさまざまな研究をして見つけ出した答えをまとめたものですが、以上のように理解してよいと思います。

ところが、これはオモテの世界の話で、まだウラの世界があるようなのです。それは図表④の一番右端にある世界のことです。ウラの世界は、本質界つまり神界は別として、全部ひとつになっています。極楽も地獄も現界もありません。みな一緒になっているようです。これを「仙界」といいます。

仙界にはフォーカス35はありますが、フォーカス①～㉟まではまったくひとつと考えてよさそうです。仙界ではこの世もあの世もみな一緒なのです。オモテの世界で人類が嫉妬心のスイッチを「ON」にする前と同じ状態といえそうなのです。仙界には、便宜上自分があります。ただ、まったく自由、思いのままの世界のようです。私はこの仙界には憧れを持っています。

われわれ人類がよりよくなろうと思ったら、この仙界へ行ってみるとよいようです。オモテの世界とウラの世界は行ったり来たりできますから、仙界へ行って、自己に囚われない世界をみてみればよいと思います。

人間はタテの方向（神界）にも、ヨコの方向（仙界）にも行こうと思えば行けるのです。これは、真言密教や大本教などで話されていることにも通じます。仏教界でも、こうした見方は否定していません。

おもしろいことに、われわれ「オモテの人間」とウラの世界である「仙界の人間」は、一対をなしているように私の研究ではいえそうなのです。フォーカス35の本質の分身が魂となって、オモテとウラのどちらかにいると考えればいいようです。ともかく仙界へは行こうと思えば行けます。

仙界へ行くと、食事をしなくても霞《かすみ》だけ食べても生きていけるようです。また、ここでは長生きができます。五〇〇〇年、一〇〇〇〇年と生きることができます。もっとも、長生きしたほうがいいかどうか、それは人によると思いますが、とにかく長生きすることはできるようです。

この仙界の家には一人一人の甕《かめ》があり、その人のオモテの世界の相対する人の財産分だけ水がたまっているそうです。水の量を見ればその人の財運が分かるといいます。ちょっと怖い気もしますが、とにかくそうした真実が見えるというわけです。

仙界には生命の樹や生命の花もあります。そこに虫が食っていたら現界の相対する人の健康が損なわれている証しだといいます。われわれは、健康になりたければ仙界へ行って、自分に相対する生命の樹や花の虫食いを修復してきたらいいというのです。そうすれば健康を回復し、長生きができるようです。

仙界へ行くには行き方があります。昔から多くの人が仙界へ行く方法を考えてきました。ただし、「ウラの世界」と私が分類したくらいですから、仙界へ行くのはそう簡単ではありません。山伏修行程度では行けません。行けるのは相当な修行を積んだ仙人だけともいえます。森田健さんは深圳《しんせん》（中国）へ行って、そこの仙人に習って仙界へ入る修行をしています。その仙人が日本に来たとき私も会いましたが、やはりこの世界の構造は、知れば知るほどたのしいなと思いました。

そういえば中国には「壺中の天《こちゅう》」という言葉があります。費長房という男が薬売りの老翁とともに壺の中に入って、別世界の金殿玉楼で非常な歓待を受けたという故事に基づいた言葉です。

これは、人はどんな境地にあっても自分だけの内面世界をつくれる、あるいは現実世界の中に別天地をもつことができるという意味です。森田さんが実験してみていっているように、自分の人間性レベルを上げていけば、あの世にも、また仙界にも行けるというのは、つまりそういうことでもあるのです。

モンロー研究所のヘミ・シンクは、仙界へ行くための装置ともいえます。そういう装置を使ったり、修行をして仙界へ行けるようになると、体が軽くなり、どこへでも飛んで行けるようになります。ウラの世界からオモテの世界、逆にオモテからウラへ、自由自在に行けるといっていいようです。

そうした場合、行き来するのはもちろん私たちの魂です。それは本質の分身というべきものでしょう。私たちの本質はあくまで「フォーカス35」にいるのです。また、オモテにはオモテの世界がありますから、魂が仙界に行っているときでも、肉体はこの世にいます。

仙界、つまりウラの世界へ行くことを書いた本で興味深いのは、日本一の風水師といっていい私の知人の某さんが「具道士《ぐどうし》」というペンネームで出した『光の中へ』（角川書店発売）という本でしょう。彼はウラとオモテの世界を自由に行き来できるようです。さらに、ほかの人も仙界へ連れて行けるのです。

彼のお経を聞いていると、目の前にパーッと一条の光が射してきます。そこへ飛び込むと、ウラの世界なのです。オモテとウラの境界を破るお経があるわけです。道教のお経だといいます。ただし、六十歳を過ぎた人は行かないほうがいい。この世に戻ってこられなくなる恐れがあるからだと、彼はいっていました。若い人は大丈夫なようです。必ずこの世に帰ってこられるといっていました。私の知人で、彼に連れて行ってもらった人が何人もいますし、彼らは仙界の私の家や、生命の木を見てきてくれました。

天才塾の構想

そんな仙界の世界のような世の中がオモテの世界にも近未来に出来るのではないかというのが、私の期待、いまの理想なのです。原因の世界と結果の世界が一緒になった世の中の到来、ということです。いまのところは、地球上のこの世というのは結果の世界にすぎません。あの世の投影にすぎないのです。しかし、あの世の地獄界が、いま、この世に強く投影されているともいえるのです。

いまのこの世（現界）は、あの世の地獄界と並んで地獄のような世の中になっています。これは、「地の理」に従ういまの地球上の仕組みが間違っているからだと思います。この世では、いま常に自分があって、肉体があって、我欲があります。それは、私たちの魂の本質があるフォーカス35の世界とはまるで違います。「大自然の理」、いわゆる「天の理」と違うといっていいでしょう。だから、この世の原理（地の理）に基づいた資本主義や近代社会は行き詰まってしまうようです。

ただし、私にいわせれば世の中に起こったことはみな「必然・必要・ベスト」という側面もあるわけですから、現状を肯定して、考え方を変えれば、未来が開けてくると思います。

個があって肉体があって我欲がある結果として、科学などは原始人の時代から現代まで急速に発展してきました。だったら、そうしたシステムを包みこんでエゴを外せば、世の中はもっとよくなるのではないでしょうか。あと十年以内にそうした世の中づくりをしたいものです（第四章で詳しく述べますが、そうしないと人類は破滅に瀕し、原始人まで逆戻りする可能性があります）。

世の中の構造は、私たちの魂を生成発展させるためにこうした構造になったと考えてもいいわけですから、方法はあるはずです。

いま、地球と宇宙は、地球人に「変わってほしい」と思って、動きをはじめたように思われるのです。実際、地球人の中にもそんな発想をもった人たちが出はじめました。先ほどの窪塚洋介さんや浅見帆帆子さんもそのひとりです。特に、若い人の中からそういう新しい人が出はじめました。

年配の私が七十歳まで散々に勉強してやっと知った「世の中の構造」を、彼や彼女らは初めからポンと分かっているのです。それがいまの世の中です。非常におもしろくなってきたなと感じています。

私は最近、エゴのない、やきもちを焼かない、いってみれば地球の真理の分かる天才といってもよい人たちの集合意識に注目しています。そういう人たちが集まりそういう人たちの集合意識が未来をこう変えたいなと思ったら、世の中もきっと効率的に変わるだろうと思うからです。

いま、そういう天才たちと仲良くしはじめています。

「天才塾」といったような集まりをつくって、そこに天才たちを集ってもらおうと思うのです。そしてリーダーシップをとってもらい地球人の意識を変えたいと考えています。

メンバーは、たとえば神坂新太郎さん、森田健さん。彼らは正真正銘の天才です。若くて有名な人では神田昌典さんがいます。彼は経営コンサルタントですが、時々は船井総研のどんな社員より私に近い感覚を持っているように思います。それから「だれでも好きなことをやって豊かに生きられる」という信念をもった天才・本田健さん。実際、人は大好きなことをやっていれば自然に幸せになれるものです。さらに、企業再生の名手・高塚猛さんなどが私の友人にいます。この人たちはみな天才です。

こんな人たちに二、三十人も集まってもらって、人類の意識を変えたいのです。うまくいけば、あっという間に変わるかもしれない。そんな時代が近づいていています。

私にそういう使命があるのかどうか自分では分かりませんが、いま、私はとにかく本音で彼らに集まってもらいたいと思っているのです。

「百匹目の猿」現象

未来は変えられると思います。ただし、変えるためには現在の人たちの集合意識が変わらなければならないでしょう。分かりやすくいえば集合意識で未来が変わることを念じないと変わらないでしょう。

集合意識が変われば一瞬にして未来は変わる、ということは「百匹目の猿」現象からもいえます。これについては拙著『百匹目の猿』（サンマーク出版刊）ですでに詳しく書きましたが、もう一度簡単に触れておきます。

宮崎県串間市の幸島《こうじま》には、一九五〇年（昭和二十五年）にニホンザルが二十匹ほど住んでいました。この年から京大の霊長類研究所がサルたちにサツマイモの餌づけをはじめ、二年後の一九五二年に餌づけに成功しています。サルたちはイモを与えられると、手で泥を払ったり、カラダにこすりつけて泥を落として食べていました。ところが翌年、一歳半のメスザルがイモを川の水で洗って食べはじめたのです。

イモを水で洗うと、泥が落ちておいしくなります。そこで、水洗いの行動は徐々にサルの間に広まっていきました。餌づけに成功してから五年後の一九五七年には、全体の四分の三に当たる十五匹が水洗いをしてイモを食べるようになったといいます。若いサルや母親のサルたちがメスザルの行動を見習ったのです。

ここまでは何の不思議もありません。

ところがそれからしばらくすると、幸島から三〇〇キロも離れている大分県の高崎山のサルたちがイモを水で洗って食べはじめたというのです。いまでは日本各地でサルたちはイモを水洗いして食べています。幸島のサルが高崎山へ出かけて行って、水洗いを教えたわけではありません。もちろん、人間が教えたわけでもない。しかし、そういう現象が共鳴するように、まるで山のこだまのように、各地で起こったというのです。

一匹のサルが餌を水洗いするという新しい行動をとりはじめると、それを真似るサルが出てきます。そして、その行動が一定の比率以上に広まり、ある臨界点まで達すると、ほかの場所のサルたちにも伝播するようになる。これをライヤル・ワトソンが、「百匹目のサル現象」と名づけました。

なぜそうなるか。

それは、意識や行動は波動ですから、「波動」として伝わっていくからでしょう。人の世界でも同じことがいえると思います。一握りの人が素晴らしいことをはじめ、それがほかの人々に広まってある臨界点に達すると、一気に地球全体に伝播するのです。

このようにして、これから世の中は変わっていくと思うのです。

科学的には、ルパート・シェルドレイクというイギリスの科学者が「時間・空間を超えた因果関係」についての理論を発表しています（一九八一年）。

これは、「シェルドレイク振動波」「モーフォジェネティック・フィールド」（形態形成場）と呼ばれているものです。幸島のサルのイモ洗いのように、この世の中には時空を超えて共鳴をもたらす力があり、それは非エネルギー的なもので、あたかも電波のように遠く離れた場所に広がっていくといった理論です。

一例を挙げましょう。

イギリスで「だまし絵」の認識実験を行いました。被験者たちにだまし絵を見せて、どんな絵が隠されているか回答を求めました。その後、同じ実験をテレビで流しました。視聴者は二〇〇万人だったと推定されています。

その人たちは正解を知っているわけです。そして、今度はそのテレビを見ていなかった人たちに同じだまし絵を見せました。すると、その人たちの正解率は最初の人たちの二倍に高まっていたというのです。テレビを見た二〇〇万人の人たちによって「形態形成場」ができ上がっていたから、ともに初めて見るだまし絵なのに、正解率がこんなにも違ってきたと考えられているのです。

経営コンサルタントとしての私の経験からいっても、集団のリーダー的存在たちが一定の目的に同調すると、その集団はその目的に向かって動きはじめます。全体の〇・七％くらいの数のリーダー的存在がまとまれば、そういう現象が起きます。また、リーダー的存在でなくても、集団の七％くらいの人たちが同じことを思えば、全体はその方向へ向かって走りはじめます。実はこれも、波動の原理に基づいていると思えるのです。

いまは、こうした「百匹目の猿現象」に注目しながら、世の中をよい方へ変えなければならない時期にきているように思います。

ＤＮＡの一部が変化して、人間がやきもちを焼くようになってから、人類は何度も破滅に瀕してきたように思います。一定程度のところまで文化が発達すると、ストレス社会が生み出され、それによって地磁気が変化してポールシフトなどが起こり、人類は破滅に瀕して原始人から再出発するということを繰り返してきたように思うのです。

このままでいけば、今度は二〇一〇年から二〇二〇年にかけて、このような危機に直面する可能性がかなり高いと私には思えるのです。そうなるか否かは、今年か来年あたりが分岐点のようにも思うのです。だから私は今年中、それもなるべく早い時期に、本書を世の中に出して、このようなことを世の多くの人たちに訴えたかったのです。

(Ⅱ)何十億年も昔からの「魂の記憶」をもつ女性

多母さんという女性

何十億年も昔からの「魂の記憶」をすべてもっているとはっきりいっている女性がいます。この人が岡田多母さんです。彼女は『愛しのテラへ』(風雲舎刊)という素晴らしい本を書いています。私はその本に「岡田多母さんと私」という序文を寄せて彼女の紹介をしていますので、ここでその一部を転載します。

〈岡田多母さんの本名は岡田則子さんという。主婦であり、母であり、「新生水」という、生体水にもっとも近いといわれている純水の発売元の会社の経営者でもある。「新生水」は大衆価格で売られており、多くの愛用者がいる。私も愛飲している。彼女は十年以上もまえから「多母さん」といわれているが、その由来は知らない。しかし、人柄とか特性にふさわしい名前だと思う。

私の知っている多母さんの特性は、「直感力に特にすぐれた人」という一言で、ほとんどがいい表わせる。それは「すばらしい人間性の人」といってもいい〉

〈私の岡田多母観をまとめてみよう。

彼女は、真の意味で「すぐれた直感力」といういまの人間としては稀有の能力を持っている。それゆえに多くのことを知っているようだ。

多母さんは、①決してマイナス発想的なコトバをいわない。②だれとでも対等に付きあっている。③不要なことにこだわらない。④相談を受けても、決して「脅し」のたぐいの発言をしない。⑤世の中を大きくとらえている。⑥「大きな愛」で生きている……ように見える〉

〈ところで、彼女は最近きれいになったように見える。これまでの彼女の言動は、他人から真に理解されることが少ないようであった。しかし、最近は多くの人たちが、彼女を理解しはじめた。彼女は、多くの人々に受け入れられはじめたことで、生き生きと輝いてきている〉

テラに生まれてきた最大の理由

彼女は前掲『愛しのテラへ』の中で、「私が最初にこの地球に生まれてきたのは、地球が誕生して間もないころのことです」と、書いています。地球の誕生は約四十六億年前といわれていますから、まさに何十億年も昔からの「魂の記憶」をもつ女性といえます。

『愛しのテラへ』によりながら、彼女の転生譚に触れておけば以下のとおりです。

小学三年生のある日、彼女はブランコから落ちました。そのとき、一瞬のうちに過去世を思い出します。彼女が最初に地球に生まれたのは、地球が誕生して間もないころのことです。野山は緑が鮮やかで、人々も元気潑剌《はつらつ》としていたといいます。

彼女は「アイル」という名の男の子で、五歳までその世界で生きていたそうです。そのころ、人は空を飛べたのですが、アイルは飛行中ほかのことに気をとられて墜落死してしまいます。肉体と魂が一体化できていなかったための失敗だといいます。それで肉体と魂を一体化しなければいけないという思いが死んだアイルに残り、その思いが彼女の再生のきっかけになっているそうです。

そんな小学生時代から、多母さんは過去の記憶をもっていたらしく、何か物を見ても、そこに様子の違ったものが二重写しになっていることがよくあったといいます。現在の上に過去がダブって見えてしまうわけです。最初はだれでもそうだろうと思っていたところが、どうもそうではないことが分かると、彼女はいっさいそのことを口にしなくなりました。

小学五年生のときにキリスト教に興味を抱き、日曜学校に通いはじめます。そして高校一年生のとき洗礼を受けています。十一月一日のことで、洗礼を受けている間中、雪が降っていたそうです。式が終わると、空はすっかり晴れ渡っていました。

〈降り積もった雪のなか、雲ひとつない空に太陽が輝いている道をひたすら歩いているときに、私は今度は、私の二番目の過去世を思い出していきました〉

多母さんの二番目の過去世は江戸時代です。隠れキリシタンで、「ミツ」という名前だったそうです。今度は女の子です。幕府の禁令に触れ、二十五歳で処刑されたといいます。〈いまの自分と似たところがたくさんあるアイルとミツの記憶をとり戻したことで、私は

はっきりと「生まれ変わった」ということに気がつきました〉

　そして、彼女はこう書いています。

〈そんなふうに自分が納得したときに、はっきりと鮮明に、私の心の中で大きく浮かび上がってくる思いがありました。それはテラ・地球のことでした。アイルのころのまだ蒼くて美しかったテラ、溢れる生命力と活力で輝いていたテラが、ミツとして再び私が生まれてきたときには、悲しいほど衰弱し、そのテラで生きる人々もかつてのように麗しくはありませんでした。そして私がタモで生まれてきた二十世紀では、テラは老いを隠すことができなくなっていました。まるで老いて死を待っているようでした。あの若さに溢れ、あでやかだったテラがなぜ？　なぜこんなに変わり果てたのか？　そう考えていくうちに、今生、私がテラに生まれてきた最大の理由を見つけました〉

「地球を救え」という熱い思い

　彼女が生まれてきた理由とは何だったのでしょうか。多母さんは書いています。

〈かつてのようなテラの光のなかで、もう一度テラとともに生きたい。テラのすべてを再びかつてのような麗しくあでやかな世界に蘇らせたい。そのためにテラや、自然や、人間

が本来もっているはずの本当のプログラムをどうしても知りたいと、私は思いつづけてきました〉

そして、彼女は私にこういったのです。

「今生、私が生まれてきた目的は、テラを再生させる人を探すことです。その人を何十年もかかってやっと見つけました」

初めて会ったときそういわれて、面食らってしまいました。

いきなりそんなことをいわれても、私には何のことやら分からなかったからです。しかし彼女は、とにかく私の魂に本当のことを知ってもらって使命に目覚めてもらい、私に「本来の役割」を果たしてもらうという役割ももって生まれてきたのだといいはるのです。

過去世で私と一緒に地球再生を試みようとしたときは失敗したといいます。今度また失敗したら、地球はもうどうにもならなくなってしまう。だから、今度はぜひ成功させましょうというのです。多母さんと会うたびに、私はそんなふうに説得され続けてきました。

彼女の言っていることが嘘か本当か、いまのところ私には分かりません。

ただ、説得力はあります。とても不思議な女性です。

そんな多母さんの語録を挙げておきます。

「人の過去世は、個人の心の領域で全部読み取ることができます。心は情報をとっておく場所だからです。脳はこの世の記録をとっておくところですから、これは『記述』です。心は『記憶』しておくところです。だから魂の使命、つまり『ミコト』と呼ばれているものは心にしまわれているのです。それは心が読み取るものです」

「船井先生は大きな使命を持って今世、人として生まれてきました。使命を受ける以前の、ただの存在だったときの船井先生の働きについても、私は前々から見ていました。先生はいまは、使命を認識されているはずです。」

「先生はただ生まれたのではありません。ご自分で選んでこの世に生まれてきた存在です。使命が何であるかは先生ご自身がご存じのはずです」

「私はよく『炙り出し』という言葉を使います。白い紙に火を当てると、すうっと文字が浮かび上がってくるアレです。先生の使命もあんなふうにして炙り出されてくるはずです」

多母さんの言葉はいくらでも引くことができますが、私の使命はともかく、彼女のその言葉からは地球＝テラを救いたい、救わなければならないという切実な思いが伝わってくることは確かです。

そんな彼女がいま予感していることを前掲書から引いておきます。

〈この呼び声に、テラが息を吹き返したのです。いま閉じていた瞳を開け、再び、自らのプログラムを新たに感じはじめたのです。

そして、決心してくれました。「もう一度やりはじめましょう」と。その兆しは一九九〇年から始まっています。が、地球が自ら決意したのは一九九六年のことです。

それまで和魂《にぎたま》であった地球は、今度は幸魂《さちたま》として、幸いが自らにある、至福がそこにあるという状態になります。幸魂は幸福感、最高の喜びを呼び寄せることによって成り立っている世界です。いままさに、この世は喜びを見出す世界になります〉

ところで、私の使命を含め、多母さんの発言について、多母さんのいっていることが、正しいかもしれない……と思うことが、時々あります。それでも、多母さんのいう私の魂の過去のことや、今世の私の使命に関する話しはいまのところ否定したい方が、強いのです。

（Ⅲ）久司道夫さんとの不思議な縁

アメリカで一番知られた日本人

久司道夫さんも、地球をよくしたいと考え、そしてそのために実践されている方です。久司さんといっても、あるいは知らない人のほうが多いかもしれません。

しかし、アメリカでは「超」のつく有名人です。一番名の知れた日本人の一人だと思います。大リーグのイチロー選手、野茂投手、松井選手より有名だそうです。小泉首相よりも名が通っているといわれています。

久司さんは、いまのところスミソニアン博物館（アメリカ国立歴史博物館）に殿堂入りした、たったひとりの日本人なのです。

スミソニアン博物館は、イギリスの科学者ジェームス・スミソンの遺産を基金にして建てられたもので、十六の博物館や美術館、動物園からなっています。建築、美術、写真、アジア芸術、アメリカの歴史など、見応えのある展示で有名です。広島に原爆を投下した飛行機エノラ・ゲイも陳列されています。この博物館の名を知っている日本人も多いことでしょう。そんな博物館に、久司さんの「マクロビオティック」関係の資料が収められているのです。

マクロビオティックについて説明する前に、アメリカにおける久司道夫さんの輝かしい足跡を紹介しておきます。

・一九八五年……エイズ患者の免疫力がマクロビオティックで改善することを確認して、医学界の注目を集める。

・一九九四年……世界の平和と人類の健康に非常な貢献をしたとして、国連から優秀賞を授与される。

・一九九五年……世界三十カ所以上にチェーンをもつ高級ホテル「リッツ・カールトン」が、久司さんの献立「クシ・ヘルス・メニュー」を導入する。

・同年……アメリカ弁護士協会の有志によって、ノーベル財団に対して「ノーベル平和賞」候補として推薦される。

・一九九七年……スミソニアン博物館にマクロビオティック普及時の資料や道具が「国家資料」として永久保存・展示されることが決まる。日本人初の栄誉。

久司さんはこんなにすごい人なのです。

急速に拡大する「マクロビオティック」

マクロビオティックというのは、ひとことで言えば「食餌療法《しょくじ》」です。

その理論は、陸軍軍医であった石塚左玄《さげん》さんが明治二十九年（一八九六年）に出版した『化学的食養長寿論』に基づいています。その後、それを食養家の桜沢如一《ゆきかず》さんが発展させ、彼は昭和初期に有名な『無双原理・易』という本を書いています。久司さんはその桜沢さんの後継者といっていい人です。

石塚さんは、体が必要とするミネラルである「カリウム」と「ナトリウム」のバランスを食材によって調整することを考えつきます。そうすれば、病気も治り、体も健康になるという理論です。

それを受けた桜沢さんは、そこにさらに中国の易学の陰陽論を導入しました。

カリウム、ナトリウムだけでなく、食べ物はすべて陰と陽という相反する性質をもっていることに注目したわけです。食べ物の陰陽判断は**図表⑤**のとおりです。

簡単に言えば、陰と陽のバランスのいい食事を正しい方法でとれば、健康になり、よりよい人生を送ることができるという考え方と理解してください。もっと敷衍《ふえん》すれば、食事はその人の人生や霊性を左右するということになります。食べ物は単なる物質ではないといってもいいでしょう。食べ物はすべて波動化して想念や心になり、霊性を変化させるからです。そう考えて、桜沢さんはマクロビオティックという言葉をつくりました。

マクロビオティックはフランス語です。Macrobiotiqueと綴ります。語源はギリシャ語で、macroは「大きな、包括的な」という意味です。そしてbioticとは「生活法、若返り術」といった意味になります。

もうひとつ注目すべき点があります。

それは、マクロビオティックが単なる食餌療法ではないということなのです。桜沢さんは、世界平和を実現する手段として食べ物に着目したのです。

図表⑤　陰陽判断の基準

陽性(△)	陰性(▽)
熱い (あたたまる)	冷たいもの (ひえる)
明るい (陽気)	暗い (陰気)
短い、 丸く小さいもの	長きもの、 大きく伸びるもの
求心力 (穀物)	遠心力に働くもの
縮む	広がるもの
減る	増えるもの
地下に長く伸びる (ごぼう)	地面の上に伸びる (バナナ)
動き (魚、鳥)(動物)	静けさ (貝類)(植物)
水分が少ない (虫、バイキンがよりつかない)	水っぽい (虫にかまれやすい)
塩気が多い (くさりにくい)	塩気が少ない (くさりやすい)
赤、黄、茶、 (例)にんじん	紫、あい、青、緑 (例)なす

© Michio Kushi office

久司さんがマクロビオティックの普及にかかわるようになったのも、実はこの「世界平和運動」がきっかけでした。久司さんは戦争中、東大（当時は東京帝国大学）で政治学と国際法を勉強していたのですが、戦後は「世界連邦をつくろう」という運動が盛んになり、それに賛同した久司さんはアメリカの世界連邦協会に連絡をとりました。すると、横浜の日吉に「世界政府協会」があるから、そこへ行くようにと言われたのです。その協会を主宰していたのが桜沢如一さんでした。「世界平和を考えるなら、食べ物との関係を考える必要がある」というのが桜沢さんの持論でした。

それがきっかけとなり、久司さんはアメリカに渡り、世界平和と食生活の関係を考えながら東洋哲学に基づくマクロビオティックの普及に努めることになったのです。もっとも、当初、久司さんのところに集まってくるのはヒッピーなどの反体制派の若者が多く、だいぶ苦労されたようですが、いまでは四〇〇万人を超える人々がマクロビオティックを実践しているといいます。

荒々しい波動を出す食べ物はやめて、精密で高度な波動の食べ物をとろうというマクロビオティックの考え方は、いまガンやエイズの代替医療としても注目されています。久司さんがアメリカで有名なのも、禅の鈴木大拙師に通じるような東洋哲学の唱導者として受け止められているからではないでしょうか。

ちなみにアメリカでは、クリントン前大統領やカーター元大統領、そして歌手のマドンナ、マイケル・ジャクソン、俳優のトム・クルーズなど著名人にも、このマクロビオティックの実践者が急速に広がっています。

懐かしい出会い

私に久司さんを紹介してくれたのは、本物食品の小売店「アニュー」を全国展開しているナチュラルグループ本社の創業者で、私の友人でもある橋本幸雄会長です。久司さんに初めてお会いしたのは昨年（二〇〇二年）の九月十七日でした。『豊かに生きるための「食べる健康」』（ビジネス社刊）の対談をするためでした。

ただ、久司さんについては「肉食はいけない」「玄米菜食が絶対だ」と頑強に主張する方だと聞かされていたので、私とは意見が合わないのではないかという心配がありました。私は肉が大好き、とくに牛肉に目がないからです。紹介者の橋本会長も水と油の対談にならなければよいがと、少々不安に思っていた様子です。

『豊かに生きるための「食べる健康」』の「まえがき」にそのときのことを記しています。〈九月十七日、新宿の京王プラザホテルで、初めて久司先生にお目にかかりました。橋本さんの心配をよそに、会った途端に私は久司先生と気が合い、久司先生が大好きになりました。久司先生も私を好きになられたようで、話がトコトン弾みました。それもムーやアトランティスの話、宇宙や人類創生の話からはじまり、一時間以上経っても話題が本題にいかない〉

実はこれにはわけがあります。

初めて久司さんにお会いしたとき、久司さんは「一万三〇〇〇年ぶりですね。なつかしいですね」とおっしゃったのです。まさに直感です。私も、とても懐かしい感じが、体いっぱいに広がりました。

私たちはすぐに意気投合し、対談本の「まえがき」にも書いたように時間を忘れそこで話したのは、私もほとんど知らない、なんとムー大陸やアトランティスの話、宇宙や人類創生の話までしてしまったのです。ただ、それらの内容は本には載りませんでした。が興味深いものでした。

国旗の不思議

久司さんとの対談はなかなか楽しいものになりました。

『豊かに生きるための「食べる健康」』は、ぜひともご一読ください。

その席で、久司さんはいろいろと示唆的なお話をされましたが、ここではひとつだけ紹介しておきます。

それは、各国の国旗に印された星と月と太陽に注目すると、とても興味深いことが分かるということです。星系統の国旗の国（たとえばアメリカ合衆国）は穀物を粉にして発酵させ、パンにします。月系統の国はイスラム圏に多いようですが、こうした国では穀物を練って焼いて、インド料理のチャパティのようにして食べています。そして日本のような太陽系統の国は穀物（コメ）をそのまま水で炊いて食べています。

こうした食文化の違いはなぜ起こったのか。久司さんはこう話しています。

〈そうして思い当たったのが、一万二〇〇〇年から一万三〇〇〇年ほど昔に、地球上で大きな天変地異が起こったことです。私の推量では、地軸が一二〇度くらい傾いた。

それまでは一つの食文化であった。ところが地軸が歪んで一挙に崩壊して、ダーク・エイジが始まった。その段階でだれかのアイデアで、穀物の食べ方を三つに分けて、どれがよいかを実験したのではないか〉

とても楽しい大柄な仮説で、大いに感心したものです。しかも久司さんは、ポール・シフトが起こったのは約一万年余前だから、現代はまだ「夜の時代」だと見るのです。だから、アメリカのような星の国が世界を征服しているのだといいます。ところが、その星も月が出るようになると、明るさが減じられます。三日月の国旗を持った国の多いイスラム諸国がいまアメリカと戦っているのは、そういうことなのだというわけです。

しかし星も月も、やがて太陽が出て「夜明けの時代」がくれば見えなくなってしまうように、いずれは太陽（日の丸）の国の文化に統一されるだろうといいます。中国の国旗はいまは五星紅旗で、星を用いていますけれども、少し前までは太陽をあしらっていました。つまり、これからはマクロビオティックのような東洋哲学に基づいた文化（国旗に太陽をあしらった国の文化）の時代がくるはずだというのです。

宮古島の不思議な石

久司さんと初めてお会いしたにもかかわらず懐かしい感じがしたと書きましたが、それと似たようなことを宮古島でも体験したことがあります。

宮古島は、沖縄本島から南西方向約三一〇キロのところにある弓状の平坦な島です。隣の石垣島までは約一三〇キロの距離にあります。

その宮古島で、ある石に手をつけたとき、一万何千年か前の記憶が戻ったことがあるのです。一九九四年（平成六年）の六月、初めて宮古島を訪れたときの出来事でした。

宮古島には何年も前からなぜか惹かれていたのです。行くと、島の人たちともすぐに仲よくなりました。全島で五万人ぐらいしか人口がない島ですが、私にとっては本当に大事な島になりました。

最初に行ったとき、新城定吉さんにお会いしました。息子さんは新城明久さんといって、琉球大学教授でサトウキビの研究をしていらっしゃる有名な先生です。その分野では世界でも第一人者です。

お父さんの定吉さんはいまから二十一、二年前、サラリーマンを辞めて悠々自適の暮らしをしようと思っていたそうです。新城さんのお宅は庭が三〇〇〇坪くらいあります。その庭を歩いているとき、定吉さんは石に足をひっかけてしまいます。しゃくにさわるから と、その石を掘り起こしにかかったら、これがとても大きな石で、掘り起こすのに十日くらいかかったといいます。二トンくらいの石です。

定吉さんはもともと石としゃべれる能力があったようで、石のいうとおり、それを庭に立てました。それが最初の石です。

すると一週間たって、また庭で足を別の石にひっかけてしまう。それでまた、石を掘り起こします。ここ二十年間で約七〇〇個の石を掘り起こして庭に立てています。巨大な石が七〇〇個ですから、これは壮観です。石の平均重量は一個二十三トンだといいます。定吉さんはそれを全部ひとりで、テコの原理とスコップを使った手作業だけで掘り起こしたというのです。事実、機械が入ったところなど、だれも見たことがありません。一番大きな石は三十トンを超えます。そんな石が七〇〇個もニョキニョキ立っていて、その間にソテツなどが植わっているのです。

定吉さんはいま八十歳を超えています。

私の顔を見た途端、親しみを感じてくださったのか、特別に歓待してくれたようです。

私はこのときのことを『これから10年、愉しみの発見』（サンマーク出版刊）の中でこう書いています。

〈私は九十四年六月四日に、はじめて新城さんの石庭を訪れました。庭を歩いていると、私を呼ぶような石があるのです。その石の前に行くとすごく気持ちがいい。新城さんに「気持ちがいいですね」といったら、「そういう人が大勢いる」とのことでした。自分の波動に合う石の前に一、二時間もいると、とても元気が出てくるらしいのです。

反面で、この庭は怖い庭でもあるのです。良心に反することをしたり、人を憎んだりしているような、その庭にふさわしくない人が来ると、その場でケガをしたり、病気になったりすることが多いらしいのです。そういう人も何人かいるようで、直感力に優れている、この庭のことをよく知っている人たちは「あの石の庭は波動レベルの高くない人、エゴ的思考やエゴ的行動しかしない人にとっては怖い庭ですよ」といっています

つまり正しく良心に従って生きている人にとっては、気持ちをよくしてくれ、健康や若さをもたらしてくれますが、そうでない人にはマイナスに働くことがある。こんな不思議な庭が存在するのは、宮古島にまだわれわれの知らない神秘な何かがあるためだと思えるのです〉

私は、定吉さんの庭の真ん中のある石にものすごく懐かしい感じを覚えました。それでその石に触ってみました。その途端、昔の幻影がほうっと浮かび上がってきて、瞬時にいろいろなことが分かりはじめたのです。そこで私はその石を写真に撮りました。写真はいま船井総研の芝公園のビルの私の部屋に飾ってあります。何か分からないことが出てくると、私は宮古島に飛び、この石に会いに行きます。石は私に正しい答を、いろんな方法で教えてくれるのです。

「地球を救う」という使命（？）

宮古島の石や久司さんのように、初めて見たり初めて会ったのに、以前に出会ったこと

があると感じる（あるいは思い出す）ことは、私の場合珍しいことではありません。そういうときは、実際に過去世やあの世で会ったり見たりしている人や物であるかもしれないと思うようにしています。

宮古島には、岡田多母さんと一緒に行ったこともあります。彼女も石としゃべれるので、ひとしきり石に触れたあと、「やっとこの石に到達しました」といっていました。

そのとき彼女はこんなことをいいました。

「一万何千年前に、船井先生はムーという国に特に深く関係していました。この石はその時に、船井先生の過去世の存在が情報を発信したり、情報を受け取る増幅装置でしたから、この石のそばにきたら先生は何でも分かるはずです」

多母さんの言葉には半信半疑でしたが、かつて太平洋にムー大陸という素晴らしい文化をもった国があったという伝説は知っています。十年以上前から興味をもって、それにまつわる文献を読んできました。このムー大陸は一万三〇〇〇年ほど前に海中に没したといわれていますが、多母さんの予言や、私が宮古島に本当に懐かしい思いを抱くことからすれば、宮古島はそのムー大陸の一部だったのかもしれないと思うこともあります。

多母さんのいうとおり、私の前世はひょっとしたら伝説の国・ムー大陸と関係があったのではないか、そして初めて会ったのにあんなに懐かしい感じがした久司さんも、彼の言のように前世はやはり大昔にあったとされる伝説の国・アトランティスに関係があったのではないだろうか、そして交流があったようだと時々夢想することがあります。

それはともかくとしても、食文化を通じて世界平和を実現したいという久司さんや、疲弊してきたこの地球＝テラを救わなければならないという使命に燃える多母さんたちと一緒に、この地球を楽園に変えていきたい、変えられるだろうというのが、現在の私の思いでもあるのです。

[第四章]

いま、地球と地球人が変わりつつある

(Ⅰ)断末魔にあがく資本主義

「地の理」の矛盾が噴出

本書一～三章で述べたことをここで少しまとめます。

もともと地球は、「天の理」ともいうべきシステムで発展していたはずなのです。地球だけではありません。宇宙全体が「天の理」のもとで動いています。

「天の理」とは、①単純で、②調和していて、③共生（協調）できて、④開けっ放しで、⑤自由で、⑥公平で、⑦融合し、⑧アナログで、⑨効率的で、⑩「長所伸展」によって生成発展していくシステムといえます。

しかし、あるとき、地球上の人間のＤＮＡが一カ所、書き換えられてしまいました。それまでオフだった「嫉妬」のスイッチがオンの状態になってしまったようなのです。これにより、人間にエゴが生まれることになりました。人類の歴史を振り返ってみると、エゴによる争いが続いてきたことがよく分かります。前章で述べたように、トゥルカナ湖周辺の遺跡の時代の人間の生き方といまの人々は明らかに違います。

このエゴの発達によって地球は、「地の理」によって動くようになったのです。「地の理」とは、①複雑、②不調和で、③競争・搾取が行われ、④秘密があり、⑤束縛され、⑥不公平で、⑦分離していき、⑧デジタルで、⑨ムダ・ムラ・ムリが多く、短所是正によって生成発展していくというシステムです。

現代社会のシステムは非常に「複雑」化しています。ものごとは本来もっと単純明快なものであるはずなのに、エゴを押し通すために、非常に複雑なシステムになってしまっているのです。

さらに、このような無理なシステムが地球上の「不調和」を拡大することになっています。環境問題というのは人間のエゴと地球の不調和ですし、拡大し続けなければならないシステムの中でフリーターやリストラされている人が増えているのも不調和です。

「競争・搾取」はまさに、資本主義の根本原理です。これを正当化するために、「複雑」なシステムが必要になったという側面もあります。アメリカがイラクに侵攻したのは、豊富な石油資源がどうしても欲しかったためだといわれています。イラク侵攻の理由とされた大量破壊兵器は、いまなお発見されていません。

そして「秘密」は、自分のエゴを最大限に追求するために必要になります。自分だけ有利になるよう、秘密にして人に教えないのです。たとえば、特許という考え方も、エゴを守るために秘密を保証するシステムといえるでしょう。客観的に考えれば、せっかくの発明が一部の人に占有されるのは、人類の大きな損失ということができます。

ムダ・ムラ・ムリで経済規模を拡大

「束縛」というのは、法律や規則、契約などが、その典型的な例です。エゴがあって他人が信頼できないから、また他人に信頼される行動がとれないから、束縛するシステムが必要になるのです。

アメリカでは経営トップの給料はストック・オプションなどで億ドル単位の額をもらう人が珍しくなくなっています。ここしばらくは株式市場の低迷もあって一時期ほどではなくなりましたが、GE（ゼネラル・エレクトリック）のCEO（チーフ・エグゼクティブ・オフィサー）を務めたジャック・ウェルチ氏の一九九九年の年俸は四億五七〇〇万ドルにも上ったそうです。その一方でホームレスは増加し、貧富の差が大幅に拡大しています。

これは日本でも同様で、若年層のフリーターや、リストラされた人たちの増加によって、かつての「一億総中流」の時代はいまや昔のものとなりました。

「分離」は、たとえば現代の医学について考えてみればすぐ分かります。医学の分野では個別の臓器の研究は進みましたが、人間を全体として診《み》ることができなくなっています。大学病院などには、風邪の治療ができない医師がいるといいます。これは、医師という職業の根幹にかかわる問題といえるでしょう。さらに、官僚のセクショナリズムも分離による大きな弊害です。

このような分離についても、背景には人間のエゴがあります。自分の研究の業績だけ上がればいい、自分たちの権利だけ守ることができればいいという考え方により、縦割りのシステムをつくりあげてきたのです。

「デジタル」は、二進法のシステムです。イエスとノーにものごとを単純化してスピード処理しようという考え方です。しかし、人間の脳や体、そして社会、さらには地球は、デジタルではなくさまざまな要因が複雑に絡み合ったアナロジーの世界です。これを都合のいいように単純化することによって、重要な要素を無視して、誤った結論を導く要因になっています。

「ムダ・ムラ・ムリ」は、共産主義、そして資本主義の特徴といってもいいでしょう。共産主義では、すべてが平等という建前ですから、みんな自分の仕事に何の責任も感じることなく、この三つの要素が肥大していきました。結局、共産主義が資本主義より早く崩壊してしまったのは、まさに「ムダ・ムラ・ムリ」のせいだといってもいいと思います。

そして、資本主義の社会も、「ムダ・ムラ・ムリ」によって成立してきました。一次卸、二次卸などの流通経路のムダ、人員配置のムラ、さらにムリな受注などによって経済の規模を拡大させ続けてきたのです。

座して死を待つ日本経済

「短所是正」は重要なポイントなので、少ししっかり説明しておくことにしましょう。

ものごとがうまくいかなくなったとき、たとえば企業の業績が低下した、景気が低迷を続けているときには、どうしても悪いところに目がいきがちなものです。あら探しをして、必死になってそれを直そうとすることが多いものです。

しかし、こういうときは、決して短所に触れてはいけないのです。これは、もっとも重要なルールと考えてもいいでしょう。長所を伸ばすと、すべて上手くいきますが、短所を是正しようとすると、かえって悪くなるのが普通です。私はこのルールに二十年以上前に気がついて、コンサルティングにもこの手法を用いて大成功を収めてきました。本に書いたり、講演でも話してきました。これについては、私と船井総研の小山政彦社長との共著

『長所伸展の法則』（ビジネス社より二〇〇三年八月刊行）をぜひ御一読ください。

しかし、人というものはどうしても苦しくなると、なぜか悪いところにばかり目がいくものです。

たとえば、いまの小泉首相と竹中大臣の構造改革は、悪いところを見つけ出して直そうという考え方で行われています。日本経済にはまだまだ素晴らしい部分があって、新しいものも生まれようとしているのに、それらの長所をいっさい認めようとしないで、グローバル・スタンダードに合っていないからという理由で、システムを根こそぎ変えようとしています。短所是正政策です。

こんなことをしていては、日本の屋台骨が揺らぐことになってしまいます。企業なら、とっくに倒産してしまっていることでしょう。いま政府は、決してやってはいけない「短所是正」に時間とお金を費やしているのです。国民もこのことが分かっていません。

日本経済のいまの真の問題は、実は不良債権でも、デフレでもありません。新しい職場が生まれていないことにこそ、問題があるのです。

フリーターの人たちは二〇〇一年の統計でも四一七万人いるとのことですが、その七割が正社員としての雇用を希望しているそうです（『国民生活白書「デフレと生活／若年フリーターの現在」』より）。倒産やリストラなどで仕事を失った中高年もここ数年かなりの数に上ります。こういう人たちの仕事がないということは、それだけの人の雇用を支える職場が日本にないということなのです。

国内に雇用がないということは、GDP（国内総生産）も増えないということです。国内の経済規模が縮小していくのですから、不良債権問題も解決しませんし、世界に先駆けて突入したデフレによるショックもきついものになります。

「座して死を待つ」といいますが、日本経済のいまの姿は、まさにこの言葉のとおりだと思わずにいられません。これらについての対処法は、『「日本再生」私のアドバイス』（二〇〇三年四月、徳間書店刊）に詳述しておりますので、興味のある方は御一読ください。

(Ⅱ)「フォトン・ベルト」への突入

いま、とんでもないことが起きている

地球はいま、常識的に考えるととんでもない危機に直面しています。

経済は私たち人類のつくり上げたシステムの問題ですが、いままさに人類そのものが滅亡しかねないような危機が急速に進行しつつあります。それが、フォトン・ベルトへの突入です。

太陽系は約一万一〇〇〇年ごとに、銀河系の中心から放射されているフォトン（光子）が豊富なベルト地帯と交差します。一九八七年の春分の前後数日間、地球はフォトン・ベルトに入りましたが、その後も何度かベルトの中を通過し、その期間が長くなりつつあります。

本格的なフォトン・ベルトへの突入は二〇一二年十二月二十二日になると予測されているのですが、その中に本格的に入ると、さまざまな天変地異が起こるとされています。まだどんなことが起こるかについては想像の域を出ませんが、最悪の場合には、地球上の生物の多くが死に絶えるようなことになるかもしれません。

このようなフォトン・ベルトへの突入と世界の社会・経済システムの崩壊は、たまたま同時に起きているのではありません。私は、この時期にこのようなことが同時に起きつつあることに、サムシング・グレートの意志を感じざるを得ないのです。

本章の後半で詳しく述べますが、いま、私たちは一つ上のレベルの星の住人となれるか、あるいは人類が絶滅に瀕して、原始時代からやり直すかどうかという、まさに瀬戸際の時代を迎えているともいえるのです。

いたずらに恐怖心をあおろうなどとは、露ほども思っていません。しかし、人類が何世代にもわたって過去に犯してきた過ちを今回も繰り返すことだけは、どうしても避けねばならないと思っているのです。

人類と地球を破滅から救う方法はあると思います。その方法論も、だんだん分かってきました。これについては、第六章で説明することにしたいと思っています。

この時期を人類が乗り切ることができれば、地球は一つ上のレベルの星に進化し、われわれ地球人は、かつてない幸せな時代を迎えることができると思えるのです。

二〇一二年十二月二十二日、フォトン・ベルトに突入

先に述べたように、地球は一九八七年の春分の前後数日間、フォトン・ベルトに入って以来、その後も何度かベルトの中に入り、いまや一年の何カ月かはフォトン・ベルトの中に入っている状態だといわれています。

それでは、まずフォトン・ベルトとはどういうものなのか、説明しておくことにしましょう。

ご存じのように、地球上のすべての物質は原子からできています。原子の中心には原子核がありますが、これは陽子と中性子からできています。原子の種類は、この陽子の数で決まります。そして、この原子核の周りを回っているのが電子です。

この電子の反粒子である陽電子（ポジトロン）が、電子とぶつかったときに生まれるのがフォトンで、強い光のエネルギーをもつ粒子です。フォトンは同時に波動としての性質をもっていて、電磁波として観測されます。

陽電子と電子の衝突によって、フォトンは二、三個生まれますが、これにより陽電子と電子は消滅してしまいます。

一九六一年にポール・オットー・ヘッセという科学者が、人工衛星で観測してデータを分析して、プレアデス散開星団近くに巨大な黄金に輝く「星雲」を発見しました。これがフォトン・ベルトです。

フォトン・ベルトは、プレアデス散開星団の円盤のような面に対して直角に交わるようなかたちで大きなドーナツ状をしていました。ベルトの幅は一二二二兆八七九五キロメートルもあります。

私たちの地球が属する太陽系は、プレアデス散開星団の真ん中にあるアルシオーネという星を中心に約二万六〇〇〇年周期の楕円軌道を描いて周回しています。太陽系は約一万一〇〇〇年ごとに約二〇〇〇〇年かけてフォトン・ベルトの中を通過することになります。楕円軌道を約二万六〇〇〇〇年かけて一周する間に、太陽系は二度フォトン・ベルトを通過するのです。

本章の冒頭で述べたように、地球はいままさにこのフォトン・ベルトに突入しようとしているのです。

完全にフォトン・ベルトに飲み込まれる時期については、『フォトン・ベルトの謎』（二〇〇二年五月、三五館刊）、『RESET』（二〇〇二年十二月、ガイア出版刊）でフォトン・ベルト突入への啓蒙に熱心なメディア・プロデューサーの渡邉延朗さんが、二〇一二年十二月二十二日だと書いています。これが、いまのところ専門家の一致した意見です。

この時期については、『フォトン・ベルトの真相』（愛知ソニア訳、二〇〇三年五月、三五館刊）の著者、エハン・デラヴィさんも、さまざまな視点から検証して間違いないだろうと述べています。

本書では、彼らの本のデータを基に、フォトン・ベルトに関する私の考え方を紹介していきます。

太陽活動の活発化で地球は焼き尽くされる⁉

それでは、太陽系、そして地球がフォトン・ベルトの中に入ったら、どういうことが起きるのでしょうか？

いま、その影響ではないかとして、その異常な活動が注目を集めているのが太陽です。太陽の活動は十・八年、ほぼ十一年周期で極大期と極小期を繰り返してきましたが、今回は二〇〇〇年の極大期を過ぎてから、また活動が活発化しているのです。

太陽の活動は、黒点相対数という指標で表されます。二〇〇〇年七月にこの指標が三〇〇を超えピークを打ったと思われたのですが、その後、相対数が二〇〇前後に落ち着いてから、二〇〇一年三月に一九九一年以来十年ぶりという巨大黒点が現れました。その後も、複雑で大きな黒点が数多く観察されています。

太陽黒点の大きさは、小さいものでも直径五〇〇キロメートル、大きなものになると直径十万キロにも達します。そして、黒点には一〇〇～四〇〇〇ガウスの非常に強い磁場があります。

黒点に蓄えられたエネルギーが放出されるときには大爆発を起こし、フレアという巨大な炎を立ち上げます。このときに、X線、γ（ガンマ）線や電子のような粒子が太陽風に乗って宇宙に放出され、磁気嵐を引き起こします。

大きいフレアは、一億キロワット、大型原発一〇〇基相当のエネルギーを放出するといわれています。

これにより、停電、無線トラブルやGPS（グローバル・ポジショニング・システム）のシステム異常をはじめとする「デリンジャー現象」と呼ばれる電波障害、衛星の故障、精密電子機器の障害などが起こります。

二〇〇一年三月の巨大黒点の発生では、四月に入って巨大フレアが発生し、成田空港などで深刻な電波障害を引き起こしました。

このような太陽活動の異変は、フォトン・ベルトの接近によるものと考えることができます。フォトンは、強い光のエネルギーをもつ粒子であり、電磁波です。この中に太陽が入った場合、どのようなことが起きるのか、まだはっきり分かっていませんが、現在の黒点の異常などはとても小さな変化にすぎないようです。

黒点活動の活発化によって、地球上の電子機器がすべて異常をきたして機能を果たさなくなるということなどは、軽微な被害といってもいいのではないでしょうか。

これまで、太陽黒点の極小期が何度か観測されています。一六四五年から一七一五年にかけては、黒点の数の少ない状態が続き、地球の温度が下がり、「小氷河期」状態になりました。これにより、黒点の発生数が地球の気候に大きく影響を及ぼしていることが分かります。

いま、地球温暖化が問題になっていますが、この原因についてはまだはっきり解明されていません。二酸化炭素による温室効果だという説が一般に信じられていますが、これについては反証もあるのです。

もし、温暖化の原因が太陽活動の活発化によるものだとしたら、地球の気温は天井知らずに上昇する可能性があります。地球上の生物を焼き尽くすようなことがないとも限らないのです。

また、そこまでいかないにしても、荷電粒子の衝突によって地球のオゾン層が破壊し尽くされ、X線やγ線が降り注ぐことによって、地球の生命体に壊滅的な打撃を与えることも十分考えられます。

異常気象の多発はフォトン電磁波の影響？

フォトン・ベルトの影響を受けるのは、太陽だけではありません。地球自体にもさまざまな影響を及ぼすことが予想されます。もうすでに、フォトン・ベルトへの接近によるものではないかと思われる地球の異変が数々報告されています。

最近、世界各地で異常気象が発生しています。南米ペルー沖のエルニーニョ、ラニーニャは世界的な異常気象を引き起こしますが、このような現象が起きる原因は解明されておらず、フォトンによる電磁波の影響と見ている人もいるようです。塩分濃度が高く、イオン化した成分が多い深海の中でどのようなことが起きているかは、まだまだ未解明です。最近、一〇〇〇メートルより深い深海の海流が大きく変化しているという学者もいます。温暖化の進行に関しても前項で述べたような指摘があるほか、世界各地で砂漠化が進行するなど、さまざまな異変が起きています。

気象庁気候・海洋気象部の「全地球異常気象監視速報（No.170）」では、二〇〇三年五月二十八日から六月三日までの一週間の間だけでも、左の表のような異常が報告されています（**図表⑥**）。

特筆すべきはインドの異常高温ですが、アメリカ東部の異常低温を除き、異常高温が多いのに驚かされます。温室効果による温暖化にしては、異変の規模が大きすぎるような気がします。

図表⑥　全球異常気象監視速報（No. 170）/2003年5月28日～6月3日

①中国東北区……異常少雨。平年の30パーセント以下
②モンゴルから中国北部にかけてと朝鮮半島北部……異常高温
③ボルネオ島からパラオにかけて……異常高温
④インド南部……異常高温・異常少雨。アンドラ・プラデーシュ州マチリパトナムでは、最高気温45度以上の日が続き、1100人以上死亡。バングラデシュでも約40人死亡
⑤ヨーロッパ……平年より2～6度高い異常高温
⑥ギリシャからトルコ南部にかけて……異常多雨。ギリシャ、キプロス、シリアで平年の4～20倍
⑦紅海周辺……異常高温。周平均気温が平年より2～4度高い
⑧サヘル……異常多雨。平年の4～18倍
⑨マダガスカル……異常高温
⑩アメリカ東部……異常低温。平年より4～6度低い
⑪アメリカ西部……異常高温。平年より5～8度高い。ラスベガスでは最高気温40度以上の日が続いた

降り注ぐ放射線、荷電粒子で生命は棲息不可能に

また、日常生活では気づきにくいのですが、地球の地磁気の減少も大変な問題です。

二〇〇〇年前の地球の磁力は四ガウス程度だったそうですが、五〇〇年ほど前から急に磁力が低下しはじめ、いまでは十分の一の〇・三から〇・四ガウス程度になっています。この磁力低下はここ数年加速していて、二〇三〇年には磁力がゼロになってしまうと危惧している地球物理学者もいるということです。

磁力によって、地球には磁場が形成されています。この磁場や高いエネルギーをもった陽子と電子で構成されている放射線帯、すなわちバン・アレン帯により、太陽風に乗った

放射線や荷電粒子が地上へ直接降り注ぐのが防がれています。

前項ではオゾン層の破壊と放射線の関係について述べましたが、磁力低下によっても、X線やγ線などの有害な放射線が地球に降り注ぐことになるのです。

このような有害な放射線は、地球上生物のDNAを傷つけることになります。近年、欧米の白人に見られる皮膚ガンの急速な増加は、有害放射線への被曝が大きな原因と考えられています。

また、北極圏ではカエルなどの両生類が見られませんが、これは両生類が紫外線や放射線などに弱いためといわれています。地球全体に太陽風に乗った放射線や荷電粒子が直接降り注ぐようになりますと、もはや地球は生物が棲息できる環境ではなくなるかもしれません。

また、フォトンというのは粒子であるとともに磁力線の性格をもっていますから、地震の発生との因果関係を心配する人たちもいます。地磁気の異常と地震発生の因果関係はまだ究明されていませんが、フォトンによる電磁的な影響、さらには太陽黒点の磁気嵐が地球の地磁気に影響しないとはいい切れません。

『フォトン・ベルトの真相』の著者、エハン・デラヴィさんによると、温暖化などをはじめとする異常は地球だけの現象ではないようです。

冥王星は最近一〇〇年ほど、太陽から遠ざかっていますが、温暖化していることを示すデータが報告されているそうです。

また、海王星や天王星ではポールシフトが起き、火星では南極と北極の氷が急速に解け始めて磁場が強くなり、木星の衛星イオでは二〇〇二年に巨大火山が噴火するなど、太陽系の惑星の多くで最近は異常が観測されています。

(Ⅲ)「シューマン共振」の変化と生命体への影響

生命誕生と大きく関係する周波数

フォトン・ベルトへの突入が太陽系、そして地球に及ぼす影響について述べてきましたが、このような地球環境の異変だけでなく、私たちの人体や脳にも非常に深刻な影響を及ぼすことが懸念されています。

人体への影響について話すに当たっては、少し話が難しくなりますが、「シューマン共振」というものについて説明しておかなければなりません。

地球の上空、高度六十〜一〇〇〇キロには電離層と呼ばれるところがあります。ここでは、太陽から放射されている紫外線やX線によって地球の大気の一部が、分子、原子イオン、電子に電離しています。

この層は、さらに三つに分けられます。上空六十〜九十キロはD層と呼ばれ、イオン化の比率が低く、日中しか電離しません。その上空九十〜一三〇キロはE層と呼ばれ、三〜三十ヘルツの短波帯の電磁波を反射する性質があります。さらに上空一三〇〜一〇〇〇キロはF層と呼ばれ、夏場には三〇〇キロあたりを境にF1層、F2層に分かれることがあります。

「シューマン共振」というのは、この電離層の最下部のD層の中で、超低周波の電磁波が共振する現象です。地球上では毎秒二〇〇回ほど雷放電が行われていて、これが電磁波を発生させています。

雷は地表と電離層へ向けて放電しますが、この電磁波が電離層の中を七・八ヘルツから三十一・七ヘルツで共振しながら地球を周回するのです。この電磁波は四万キロメートルの波長をもっていて、これは地球を一周する距離にあたります。

この共振の周波数は、かつて七・八ヘルツで安定していて、「地球の脳波」ともいわれていました。エジソンと同時代の天才科学者、ニコラ・テスラがこの共振を発見し、米イリノイ大学のシューマン教授がこの周波数を計測しました。

この「シューマン共振」は、地球の生命の誕生と深くかかわっていたのではないかと考えられるようになっています。「シューマン共振」の電磁波は、現在〇・〇一ミリガウスほどですが、生命が誕生した当時は雷や噴火など、電磁波を発生する要因も多く、もっと電磁波が強かったのではないかと考えられます。

「シューマン共振」の七・八ヘルツというのは、人間が深い瞑想状態になったときの脳波の周波数に近い数字です。人の脳波についてはこのあと詳しく説明しますが、もっとも人たちが癒され、右脳が活性化されるのはθ（シータ）波が出ている状態のとき、脳波が七・八ヘルツになっている時です。

この七・八ヘルツという周波数は、地球上の生物にとって特別な意味のあるものかもしれないと考えられています。

実際、ＮＡＳＡ（米航空宇宙局）は、有人宇宙船に「シューマン共振」と同じ周波数の電磁波発生装置を搭載しているとのことです。どうもこれがないと、人間は精神の安定を保つことができないらしいのです。

周波数上昇で生きていけなくなる人が出る可能性もある

この「シューマン共振」の周波数が、いままでの調査のデータでは、一九八四年まで七・八ヘルツだったものが、一九九三年八・六ヘルツ、一九九七年一月十・一ヘルツ、一九九七年八月十二・九ヘルツ、二〇〇一年十三・〇ヘルツ、二〇〇三年二月十三・一ヘルツと、ここ十年ほどのうちに急に上昇を始めています。

このまま上昇が続くと、二〇〇六年には十六・〇ヘルツ、二〇一二年には二十一・〇ヘルツになるといわれています。

このような「シューマン共振」の周波数の上昇は、人の脳波にも影響を与えずにおかないはずです。てんかんの患者にシューマン共振の電磁波を浴びせると発作を起こすという研究もあるようです。

シューマン共振について詳しい、私の友人の宮嶋望さんと宮下周平さんは、次のような情報を教えてくれました。原文のまま紹介します。詳しく知りたい人は宮下さんの会社（株式会社まほろば／FAX011‐665‐6689）に、お問い合わせください。

〈1952年、シューマン教授により、太陽光や宇宙線・紫外線、地球磁場などの天然の電磁波の他に「シューマン共振」と呼ばれる極低周波（0.5Hz～40Hz）が発見された。電離層で一番下のD層と地上との間で極低周波の電磁波が共振して消えずに強く安定して存在している。

「シューマン共振」電磁波は、太陽光の届かない細胞内などの代謝や神経系に関わっていると推測され、ルイジアナ州立大学のコール教授らは、「生命が誕生した前カンブリア紀（35億年前）には10Hz前後の電磁波が強烈に強く、そのエネルギーによって原始有機分子が集まり合成された」という仮説を発表し、その後の全ての生物は10Hz前後の電磁波に共振するというのだ。透過力が強く海水に吸収されにくい極低周波が、太陽光と共に海底での生命体誕生と進化に深い関わりがある可能性が高いと言う。

しかも、ミュンヘン大学のコーニング博士は何と、シューマン共振と脳波に深い相関関係があることを発見した（**図表⑦**）。睡眠は浅いシータ波から熟睡のデルタ波（7サイクル以下）、目を覚ましてα波（8～14サイクル）、更にβ_1波（14～20サイクル）β_2波（20～平均で32・5前後）、更にガンマー波を出している。ところがカルフォルニア大学のエイデイ博士が、16Hzの電磁波を鶏に照射すると、カルシウム・イオンが漏洩流出することを発見した。また、人において電磁波照射によりメラトニン・セレトニン・ドーパミンなどのホルモン分泌異常も認められている。しかし、50Hz、60Hzでも漏洩するが、55Hzと65Hz

図表⑦　シューマン共振と脳波（人間）との関係

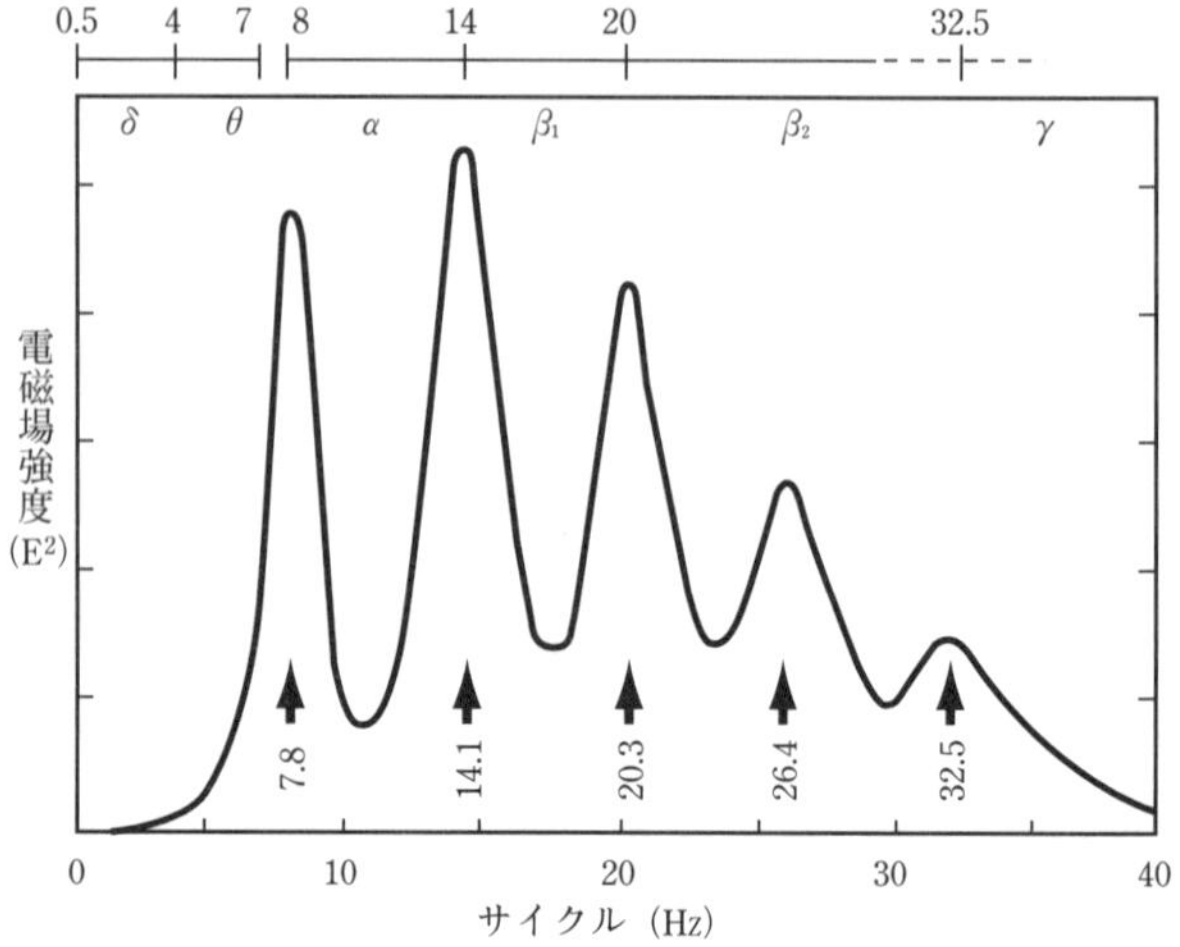

では起こらず、電磁波と生物効果は、特異な選択性があり、これを「ウインドウ（窓）効果」と呼んでいる。そのシューマン共振・電磁波で強いピークが7・8、14・1、20・3、26・4、32・5Hzの所にあり、14・1が最も高いピークを示している。

　地球の外殻が太陽風によってシューマン共振の電磁波を発すると同時に、脳の構造が受信体となって地球と共振し、脳波が共鳴同調して同じ波長を現すのではなかろうか。音叉実験などに見られる倍音効果（ハーモニックス）のように、前後のオクターブ音が鳴らさないのに共鳴して自然に唸りを生ずるように。そして、5つのピークがあり底があって、ウインドウ効果が顕れる。そこに、何らかの相関関係が介在する。生物を生誕進化させると共に、損害死滅させる波長が隣り合わせているのだ。同じ音域帯でもそれぞれ微細な弦の長さの違いによってピッチ（音程）が変わり、調性音は1ポイントしかないように、生命体に良い影響を与える周波数は決まっているのではなかろうか。少しピッチがずれるだけで、不協和音を発して成長を抑制する〉

DNA異常で生命現象のシステムが破壊

「シューマン共振」の周波数上昇による影響は、人が精神の安定を保てなくなるということだけではありません。いまもっとも心配されているのは、DNAの異常など、地球上の生物の生命現象のシステムを破壊しかねないということです。

細胞分裂するときにはDNAも分裂しますが、このときにカルシウム・イオンが溶け出して、遺伝情報がうまく転写されなくなるかもしれない、ということが危惧されています。

カルシウム・イオンが低周波の電磁波によって溶け出すことは、米海軍が潜水艦の通信に低周波変調を使ったことによって分かりました。普通の電波は海中では通信に使えないのです。

カルシウム・イオンをはじめとする細胞内の荷電粒子が、電磁波のエネルギーを吸収して螺旋《らせん》運動をはじめ、細胞膜から流出するというのです。これは、「サイクロトロン共鳴」と呼ばれています。

人間の体内でカルシウムは、とても重要な役割を果たしています。骨格を形成するだけでなく、軸策末端と呼ばれる神経細胞をつなぐ部分でも、カルシウム・イオンが非常に重要な働きをしているほか、その不足は動脈硬化や高血圧などの生活習慣病の原因にもなります。

そして、最近の研究では、私たちの体の中でセカンドメッセンジャーとして重要な役割を果たしていることが分かってきました。カルシウム濃度の波が振動となって生命現象にかかわっていることも明らかになっています。

受精、細胞分裂、神経突起の伸展、脳における学習など、カルシウムは人体でさまざまな役割を果たしています。カルシウム・イオンが溶け出すと、とんでもない体の異常が起きかねないのです。

このように低周波の電磁波は、私たち地球の生物にとって非常に重要な意味をもっているようなのです。その常在的な周波数が、これほど急速に上昇するということは、今後どのような影響を私たちの生命のシステムに及ぼすのか、いまのところ想像がつきません。

バン・アレン帯の破壊とポールシフト

先に述べたように、渡邊延朗さんやエハン・デラヴィさんは、研究者の一致した見解として地球がフォトン・ベルトに本格的に突入するのは、二〇一二年十二月二十二日といっています。

では、そのフォトン・ベルトへの突入の際には、いったいどんなことが起きるのでしょうか。

渡邊さんは、フォトン・ベルトの外側には、エネルギーが圧縮されている「ヌルゾーン」と呼ばれる皮膚のような部分があり、ここに突入する瞬間に一種の電気ショックのような感覚を体験するだろうと彼の著書で書いています。そこではこのヌルゾーンを通過するのに一二〇〜一四〇時間かかると述べています。

ここで問題になるのがバン・アレン帯で、フォトン・ベルトの中のフォトンとバン・アレン帯の中の陽子や電子が衝突して、バン・アレン帯が破壊されることも考えられる可能性があります。この衝突のすさまじい閃光で、網膜に致命的な損傷を受ける人も出てくることが予想され、この閃光は少なくとも三日間続くというのです。

バン・アレン帯が破壊されると、先に述べたように、地上に有害放射線が降り注ぐことになります。もし、バン・アレン帯の破壊が起きない場合、太陽からの光が地上に届かなくなり、暗黒、極寒の三日間を過ごすこともあり得るといいます。

さらに、突入とともに地球の地殻に圧力がかかり、地球表層の地殻全体がずれ動くような急速な地殻変動が起きるだろうと予測しています。

これにより、ポールシフト（地軸移動）が起こる可能性が高くなります。

地球では磁気の極性が過去八〇〇〇万年の間に一七〇回以上反転していて、最後の反転があったのは一万二四〇〇年前だということが分っていますから、地球の歴史上、ポールシフトは決して珍しいことではないのです。

フォトン・ベルト内部はフォトンで満たされている状態ですから、渡邊さんは「まるで電子レンジのマイクロ波で調理される食物に似て、燃えることもなく変化する現象を起こす」（『RESET』より）と述べています。

これはどういうことでしょうか。

渡邊さんは、「ヒトはヒトでありながらヒトでなくなる」と表現しています。

そして、このフォトン・ベルトを抜けるには、約二〇〇〇年かかるといわれています。

フォトン・ベルトへの突入によって、何か大きな変化が起きるのは事実のようです。

前述しましたが、より詳しくフォトン・ベルトについて知りたい読者は、以下の本を参考にしてください。

『フォトン・ベルトの謎』（渡邊延朗著、三五館刊）
『ＲＥＳＥＴ』（渡邊延朗著、ガイア出版刊）
『フォトン・ベルトの真相』（エハン・デラヴィ著／愛知ソニア訳、三五館刊）

（Ⅳ）新しい時代への移行現象

「天の理」時代の到来

このような危機に直面しつつあること自体、それは「自然の意志」というかサムシング・グレートの意志によるものではないかと思うのです。
人間のＤＮＡの嫉妬のスイッチを何者かがオンにして「地の理」の世界になるよう仕向

けたのは、そのほうが人間の文化や文明の発展のスピードが速いと思ったからでしょう。しかし、ここまで文明が発達したいま、人間にはもはや「地の理」のようなルールは必要ではなくなったのではないかと、私は思うのです。

サムシング・グレートがそろそろ「地の理」の時代を終わりにしようとして、「天の理」のルールの働きが強くなるようにした結果、エゴを中心としたとしたシステムが終焉を迎えつつあるのではないのでしょうか。そう考えると、共産主義が崩壊し、いま資本主義がまた崩壊に向かいつつあることもマクロに納得できます。どちらもエゴをベースに組み立てられたシステムです。「天の理」のもとでは、滅びる以外にないでしょう。

新型肺炎SARS（重症急性呼吸器症候群）が流行して大変な話題になっていますが、これもサムシング・グレートの意志によるものではないかと考えてしまいます。行きすぎたグローバリズムへの警鐘、そしてエゴを中心基盤としたシステムの時代の終わりを告げるために出てきたものではないかという気もします。

世界保健機関（WHO）の集計では、SARSの患者数は三十二カ国・地域で八四五四人、死者は七九二人となっています（二〇〇三年六月十四日午前〇時現在）。

第一生命経済研究所は、SARSの流行により、中国ではGDP成長率が〇・五パーセント下押しされ、台湾の消費者物価は三年連続して下落してデフレ色が強まると試算しています。

IATA（国際航空運送協会）は世界の航空会社二七三社が参加する団体ですが、SARSによる被害は一〇〇億ドルにも上るとしています。二〇〇一年九月十一日の世界貿易センタービルなどへの同時多発テロ、二〇〇一年十月のアフガニスタン戦争、二〇〇三年三月のイラク戦争で大打撃を受けた航空会社は、みな苦しい状態になっています。

SARSについてはアメリカが中国を叩くために人工の菌をばらまいたという情報もあるようですが、いずれにしろこの時期に世界経済に打撃となるようなことが立て続けに起こることに、私は「地の理」の時代の終焉と、「天の理」の時代の到来を感じざるを得ないのです。

そして、うまく「天の理」のルールによる時代を迎えられなかったとき、人類はフォトン・ベルトへの突入によって大打撃を受けざるをえないのではないかとさえ思います。

そして、優良星への扉が開く

それでは、「天の理」のルールによる時代とはどのようなものになるのでしょうか。

「天の理」とは先に述べたように、①単純で、②調和していて、③共生（協調）できて、

④開けっ放しで、⑤自由で、⑥公平で、⑦融合し、⑧アナロジーで、⑨効率的で、⑩「長所伸展」によって生成発展していくシステムです。私は、人間のエゴが少なくなることによって、このようなとても素晴らしい時代が訪れるはずだと考えています。

ここで少し、長いタームで歴史を振り返ってみたいと思います。

星が発展する過程にはレベルがあると思われます。

第一レベルの星は、鉱物だけで、生命は存在しません。第二レベルの星は、鉱物と動植物は存在しますが、知的生命体は存在しません。第三レベルの星には、鉱物、動植物、そして知的生命体が存在します。ここまでは優秀な知的生命体が存在していないと思えますから、便宜上、「不良星」といっておきます。そして、第四レベルの星が優秀な知的生命体の存在する「優良星」です。

優良星については、宇宙人アミに非常に文明の進んだ星に連れていかれた少年の見聞記をまとめた小説（『アミ・小さな宇宙人』『戻ってきたアミ』『アミ・三度目の約束』すべて徳間書店刊）の中で、次のように説明されています。

「自他一体の愛の心で、宇宙創造神（サムシング・グレート）の御教えを素直に守り生きています。感情を出すことなく、不幸、病気の一切がなく、幸福に生きています」

いま、この分類でいけば、地球は第三レベルの星です。不良星です。

地球は、第二レベルの星の時代までは、「天の理」で動いていたようです。しかし、いつの時代にかDNAの嫉妬のスイッチがオンになってしまったため、エゴが生まれて「地の理」によって支配されるようになってしまったようです。我欲を通すためのシステムが発展して、共産主義や資本主義が生まれました。

これまで地球は何度も、第四レベルの星になるチャンスを逃してきたようです。それは、どう考えてもいまの地球文化からみると、考えられないようなハイレベルの遺物、オーパーツ（Out-Of-Place-Artifacts／場違いな遺物）の存在によっても証明できます。

しかし今度こそ地球は、第四レベルの優良星になることができると思うのです。「一レベル上るだろう」といったのはこの意味です。第五章で詳しく説明しますが、いま「本物技術」が数多く出現し始めました。

これまで述べてきたように、いままでの「地の理」の時代から、「天の理」の時代への変化が始まっているといえそうです。これから地球は、さまざまな移行期現象を体験しながら第四レベルの優良星へと生まれ変わっていくようになると思います。

これまでのシステムの「最後のあがき」

移行期現象の第一が、不良星的価値観、すなわち現在の地球上の既成概念の破壊です。それは、これまでの常識では考えられなかった「びっくり現象」の出現が証明しています。私の周りには、未来予知ができる人、物質化現象を起こせる人、意識で物質に影響を与えることのできる人が現実に現れています。また、動植物と話せる人が出てきています。次章後半で詳しく説明しますが、気功などで波動をコントロールできる人も、その中に入れられます。

そして第二が、社会現象の不透明化、そして不安心理の高まりです。大きな変化が起きるとき、人は不安な心理におちいるものです。日本でもいま、鬱が問題になり、仲間を募った集団自殺が増えています。

第三に、予測できない出来事が次々と起きます。

一九九〇年あたりからはじまったベルリンの壁崩壊、それに続く共産主義崩壊、いま起きつつある資本主義崩壊がこれに当たります。また、選挙の得票がアル・ゴア前副大統領より少ないジョージ・ブッシュ大統領の誕生、保守本流の橋本龍太郎元首相を総裁選挙で破った小泉首相の誕生なども、このひとつの現象と考えていいでしょう。

二〇〇一年九月十一日の同時多発テロも、まったく予測できない出来事でした。

さらに第四が、これまでのシステムの最後の〝あがき〟です。

これを象徴する出来事が、アメリカのブッシュ大統領の対テロ戦争です。いままでの価値観からみれば分からないこともないのですが、世界を冷戦時代のように、憎しみで分断しようとしているのでしょうか。強引な戦争政策は、これまでの「地の理」の時代を象徴するようなエゴをむきだしにしたものです。

また、道路公団民営化へ向けた動きの中で、情報公開に後ろ向きな幹部や国土交通省の行為も、古いシステムにしがみつこうとする者たちの〝あがき〟です。

しかし、〝あがいてもあがいても〟時代の変化は止めることができません。「天の理」の影響が強くなっていくに従い、このように〝あがく〟者たちは深手を負うことになります。エゴに支配される考え方を早く捨てなければ、彼ら自身、幸せに生きることができなくなるでしょう。

そして、いずれ画期的な出来事が起きて、地球の人々の考え方を大きく変えることになるでしょう。それが、本章の冒頭で述べたフォトン・ベルトへの突入であり、これから述べる科学技術の大変革だと思うのです。

科学技術の大変革というのは、「本物技術」の出現です。これについては、章を改めて話すことにします。

ともあれ、いま起きているさまざまな変化は、地球が一つ上のレベル、いわゆる第四レベルの星への発展の過程の移行期現象といえそうに思います。この変化の時代を経て、地球は優良星の仲間入りをすることができるのでしょう。

共産主義崩壊に続く資本主義の崩壊とともに、これからの人間は、エゴが少なくなるでしょう。自分の幸せだけでなく他人の幸せも同様に考えることができるようになり、目先のことだけでなく未来のことも考えるようになるでしょう。

そういう時代が、すぐそこまできているのです。十年先が楽しみです。

［第五章］

常識を疑おう！「本物技術は素晴らしい」

「本物技術」で日本も世界も再生する！

本章では、私がいま注目している「本物技術」をいくつか紹介しようと思っていますが、その前に「本物技術」がどういうものなのか、説明しておくことにしましょう。私は、「本物技術」を次のように定義しています。

一言でいえばさまざまなものを還元させ、「蘇生化」する技術です。この「蘇生化」というのは、文字どおり生き返らせるということを意味します。この作用を具体的に説明しますと、抗酸化力を強め、免疫力を強化し、エントロピーを減少させるものということになります。

「蘇生化」の逆は「崩壊化」です。これは、さまざまなものを酸化させ、腐敗を進め、エントロピーを増大させます。

このエントロピーというのは、分子などが運動するときに状況が絶えず移り変わっていく乱雑さの尺度です。「エントロピー増大の法則」という名前は聞いたことがあるかもしれませんが、これは「閉じた系の中ではエントロピーは必ず増大する」という物理学の「熱力学の第二法則」です。

この法則は、「すべてのものは、秩序ある状態から秩序のない状態に変化していく」ということです。これは、水の中に温かいお湯を入れて全体に熱が吸収されていく状態、コーヒーの中に入れたミルクが溶けて全体に混ざっていく状態、声などの振動が広がって消えていく状態を指します。

このように、物や現象が混じり合い、広がっていくことによって複雑さを増していくことをエントロピーが増大するというのです。

すなわち、閉じた系の中では、すべてのものが崩壊していくということなのです。

しかしこの法則には、「閉じた系の中では」という前提があります。したがって、系が閉じていないところでは崩壊は進みません。また、熱力学の法則ですから、生命現象は想定していません。

生命現象とは、無から有を生むことです。秩序のないものから、秩序のあるものへと発展することです。したがって、生命体に関しては、エントロピーは減少することもある、ということになります。生命体の存在そのものが、「エントロピー増大の法則」に反するものなのです。

私は、このことから、エントロピーが減少することを「蘇生化」と呼んでいます。ですから、さまざまなものを「蘇生化」させるのが「本物技術」なのです。

さらに「本物」には、他のものを害さずよくする、高品質かつ安全で安心できる、単純でしかも万能、経済的であるなどの素晴らしい特徴があります。まさに、このいいことずくめの「本物」が今後の世界を再生に導くことになると思うのです。

いま「本物技術」は、特に日本で数多く出現しているようです。「本物技術」の開発は日本人に向いているのかもしれません。

しかし、これだけ素晴らしい技術が出てきているのに、政治家も役人も、公式にはほとんど関心を示しません。この「本物技術」に、バブル崩壊後の十年以上の期間にわたって浪費したといっていい一三〇兆円の資金を投入していたら、日本は完全に再生していただろうと思いますが、時期が早かったのでしょう。

本章では、いま日本各地で次々と誕生している「本物技術」の中で、私が知っているものの一部を紹介していくことにします。

体に悪い野菜や果物を蘇生させるシステム

アトピーなどをはじめとするアレルギー性疾患が増えています。このような疾患は免疫機能の異常によるものですが、その原因となっているのが合成食品添加物や合成界面活性剤などの化学物質です。

さらに、野菜などには、さまざまな農薬が使われています。中国産の野菜には日本で許可されていない農薬が使われていて問題となりましたが、国産の野菜にもさまざまな農薬が使われています。

このような化学物質は、私たちの生活を非常に便利にしてくれましたが、同時にさまざまな健康被害も引き起こすことになりました。

ここで紹介するのは、環境・健康改善の新素材です。さまざまな化学物質の除去、除菌に効果があります。除菌剤や消毒剤には化学物質が使われることが多いのですが、こういうものはさらなる健康被害を引き起こすことがあります。

しかし、自然は素晴らしい力をもっています。一〇〇パーセント天然物質を使用した本物の除菌・消毒剤が数年前に開発されたのです。いま、各テレビでその効果が紹介され、ようやく話題になってきました。

●ESセラミック、サーフセラ●
〈水にこだわって生まれた天然の除菌・抗菌剤〉

私が十年来、親しくしている発明家に、仙台に本社をおくイオンコーポレーション㈱の佐々木學社長がいます。彼はまた、サーフセラ㈱の会長でもあります。

佐々木さんは、もともと、天然ゼオライトなどの鉱物を用いた水の抗菌剤、土壌改良剤などの開発・製造・販売を行っていました。そして、一九九二年、水質濾過剤「イオンセラミックス」を開発しました。これは、天然ゼオライト（沸石）にカキ殻の粉末などを加えて特殊焼成したセラミックのボールです。

ゼオライトという鉱物は多孔質で、無数に開いた穴の中に水を含んでいます。特別な加熱をするとその穴が空洞になり、陽イオン交換能、吸着能、遠赤外線能、脱臭効果が発揮されるような機能性セラミックスになります。これは、他の鉱物には見られない特徴です。また、貝殻の粉末には、除菌・抗菌効果があります。このふたつの効果を組み合わせたのが、「イオンセラミックス」なのです。

「イオンセラミックス」を水道水に入れておくと、五時間ほどで水道水がミネラル豊富なアルカリイオン水になり、しかもその水のクラスター（分子）が非常に小さくなります。クラスターが小さいのでまろやかでおいしく、さらに体液に近いので細胞への浸透力が高く、細胞レベルで生理代謝を促進します。クラスターが小さいということは、お茶をいれると実感できます。普通の水道水よりはるかに速く、素材の旨味が出るので、とてもおいしくいれられます。

また、「イオンセラミックス」によってできた水には、酸化還元電位が低いという特徴もあります。この還元力によって畜舎の匂いが消えるため、畜産の分野にも応用されてきました。さらに、植物の生育を促進することから農業分野へ、また鉄を錆びさせないことから建設資材の分野へと、どんどん活用の範囲が広がっています。

この「イオンセラミックス」を改良し、佐々木さんは二〇〇一年、後述するサーフセラを主原料にし、それに卵の殻の殺菌効果に着目した「ESセラミック」を開発しました。「イオンセラミックス」の後継商品です。

「ESセラミック」で処理することにより、クラスターが小さく、殺菌効果もあるミネラル豊富なマイナスイオン水をつくることができます。また、次項で紹介するサーフセラにこれを約二パーセント混ぜると、大腸菌がゼロになるという驚異的な殺菌効果があります。

・世界初、一〇〇パーセント天然素材の除菌・抗菌剤

佐々木さんは、このほかにも素晴らしい本物を数多く開発しています。それが、「サーフセラ」です。

「サーフセラ」の誕生には、私も一役買っています。「イオンセラミックス」にはカキの貝殻が使われていましたが、もっとほかにいい素材がないかと佐々木さんに相談され、ホ

ッキ貝がいいとアドバイスしたのです。

調べてみると、ホッキ貝を焼成した粉末カルシウムには、カキ殻の二十倍もの除菌効果のあることが分かりました。そして生まれたのが、ホッキ貝の殻を原料とする焼成カルシウム製品、「サーフセラ」です。

「サーフセラ」の「サーフ」は、ホッキ貝の英語名の「サーフクラム」から、「セラ」は「セラミック」からとって名づけたものです。

「サーフセラ」を溶かした水に食材を漬けておくだけで、殺菌するとともに、酸化を抑えて食材の鮮度を保つことができます。また、食材の表面に付着している有害物質を取り除き、本来のおいしさを甦らせます。また、調理器具を漬けおきすることで、除菌の効果も得られます。

これらは、「サーフセラ」が水の酸化還元電位を下げることで得られる効果です。

「サーフセラ」は、世界初の一〇〇パーセント天然素材の除菌・抗菌剤といえます。

普通の殺菌剤や漂白剤には、次亜塩素酸ナトリウムが使われています。これらの薬品は、水の有機物と反応して、トリハロメタンなどの有害な化合物を発生させます。しかしサーフセラは、有害な化合物を一切発生させません。それどころか、下水に流されてからも汚染物質を分解除去し続けます。

「サーフセラ」には、家庭用の「安心やさい」と業務用の「サーフセラＣＡＯ」があります。「サーフセラＣＡＯ」は、食材加工工場や社員食堂、病院給食、ホテル、レストラン、外食チェーンなどで使用されています。

■イオンコーポレーション株式会社■
〒９８０－０８０４　宮城県仙台市青葉区大町２－６－14　チュウケイ本社仙台ビル２Ｆ
ＴＥＬ　０２２－２１３－３３３７　ＦＡＸ　０２２－２２３－９７７６
http://www.ioncorporation.co.jp/

■サーフセラ株式会社■
〒１０５－００１４　東京都港区芝３－４－11　芝シティビル８Ｆ
ＴＥＬ　０３－５７６５－６８３１　ＦＡＸ　０３－５７６５－６８３２
http://www.surfcera.co.jp/company.html

・死んだ生き物を生き返らせる水ができた

このあとの項目で、地震を一〇〇パーセント予知する方法を発見した市井の科学者、神坂新太郎さんを紹介しますが、ここで水の話をするにあたって、彼の実験について簡単に紹介しておこうと思います。

神坂さんは、「銀河運動装置」という地球の歴史を再現する機械を開発したのですが、この装置で五十億年の歴史を再現した水の中に、真夏の日中に二、三時間放置してカラカラにした金魚を入れたら、再生したというのです。

この神坂さんの実験の話をいろんなところでしていたら、自分が開発した水で同じことができたという人が、次々現れました。これらの話の中には、当然、首を傾げざるを得ないものもあります。しかし、そんなことをこれまで考えていなかった人たちが神坂さんができたということを聞いて、自分が一所懸命開発したいい水だから同じことができるはずだという信念が金魚を生き返らせたということは、十分考えられます。（後ほど実例をあげます）

水の研究はいま素晴らしいスピードで進んでいます。ここでは、私がまぎれもない「本物」技術だと信じている水、ならびに水をつくるためのシステムを紹介します。

●MW（ミラクルウォーター）●〈生命と死をコントロールする水ができた〉

「MW（ミラクルウォーター）」を開発した野澤三郎さんは、「ハイポニカ農法」の開発で有名な野澤重雄さんの息子さんです。重雄さんは二〇〇一年十二月に惜しくも亡くなりましたが、私と野澤さん親子は二十五年以上のお付き合いになります。

「ハイポニカ農法」というのは、植物自体がもっている潜在的生命力を最大限に発揮できるような環境をつくり、飛躍的に生産量を上げる「水気耕栽培」です。一九八五年の国際科学技術博覧会（つくば万博）では、一株から会期中に一万三一三二個のトマトを収穫して話題になりました。私も、一株に一万数千個以上の実がなっているトマトの巨木を何十本も実際に見ています。

三郎さんは一時期ハイポニカの研究はやめていたようですが、結局、重雄さんがやっていた「水」の世界に戻りました。彼はいま、「死んだものを完全に物質化し、生きているものをより活性化させる」研究に取り組んでいますが、これは基本的に、「生命は永遠である」という価値観のもとに進められていた重雄さんの研究の延長線上にあります。

その三郎さんが、「素晴らしいものを発明しました」と言って持ちこんできたのが「MW」なのです。

この「MW」に魚、肉、野菜などを浸けると、鮮度を数倍以上長持ちさせることができます。普通なら一日か二日で鮮度が落ちてしまうものを、少なくても十日くらいは持たせることができるのです。この技術は、アジのフィレ加工、近海生カツオ、豆腐、豆乳などに使われています。

三郎さんは、物が傷んだり腐ったりするのは、死んだ生物が自分自身をコントロールできなくなるからだと考えました。コントロールする機能がなくなってしまっているのに、それ以外の生体の機能は残っています。そのアンバランスが、鮮度を低下させていると考えたのです。

生命がなくなっているのに、酸素を大量に消費させて酸化を進めてしまう。これが物が悪くなる原因だと理論づけたのです。

現在の保存技術では酸化防止剤を使ったりして酸化を止めようとしていますが、生命がなくなった時は、生体に残っている機能のスイッチを切れば、酸化が止められるということなのです。

実際に、「MW」で処理した生鮮食品は、常温下で放置しておいても変色することがありませんし、腐敗菌や病原菌も不活性化されてしまうので、悪くなることがないのです。

まさに野澤さんがいうとおり、「死んだものを完全に物質化」してしまえば、もう傷んだり腐ったりすることはないということなのです。

・現代科学の固定観念を打ち破る発想

それでは、彼の言葉の「生きているものをより活性化させる」とは、どういうことなのでしょうか。

私は、お父さんの重雄さんに会って、ハイポニカ農法のことを知り、「寿命は永遠のものだったんだ」ということを知りました。ハイポニカ農法というのは、植物に老化を忘れさせる技術だといっていいかもしれません。生命力がずっと衰えないのですから、一粒の種から一万六〇〇〇個や二万個以上の実のなるトマトができるのです。重雄さんは、老化のスイッチを切る方法を開発したといってもいいでしょう。

重雄さんは「生き物は生きることが目的で生きている。生命は死なない。永遠である」と言っていましたが、三郎さんは「死んだものは腐ることが本質ではない。腐らないということがそもそもの本質として備わっている。それが正しい状態だ」と考えたのです。

野澤父子の挑戦は、水と生命の密接な関係を究明するものになるかもしれません。水は、情報をキャッチし、伝達し、記憶します。最高の水をつくることができたら、その水は永久にそのままの状態を維持することができますから、腐ったりすることはないはずです。「ＭＷ」は、三郎さんが開発した特殊なセラミックに水を通し、天然の酵母を組み合わせることによってできたのです。生物は活性が低いと適応力が落ち、活性が高いと甦ります。これは、酸化と還元の関係と言い換えてもいいでしょう。三郎さんにいわせると、「ＭＷ」

は生物の活性をコントロールする酵素水ということになります。

この現象が証明していることは、人間がつくった世界ではエントロピーは増大しますが、生命をはじめ人間がつくることのできない世界ではエントロピーが減少することもあるということです。

ここで紹介した野澤さんたちの研究・開発は、私が仮説として組み上げた理論を現実のものにしてくれました。

重雄さんもハイポニカ農法の普及には苦労しました。当初、現代科学の固定的観念にとらわれた考え方をする人たちに受け入れられなかったからです。しかし、実際にトマトの「巨木」を見た人たちは納得せざるを得ませんでした。

「MW」も、西欧科学の固定的な観念に縛られた人たちに受け入れられるまでには時間を要するでしょう。しかし、「MW」の効果は水道水で薄めて食材を浸すだけで分かりますし、生ゴミの匂いも簡単にとることができますから、使ってみた人は、みな納得するはずです。

三郎さんは、いまの「MW」はまだ七十点くらいだといっていますが、いずれ九十九点レベルまで進歩するだろうと言っていました。今後が楽しみです。

■株式会社野澤技研■
〒564－0011　大阪府吹田市岸部南1－9－24－602
URL　http://www.nozawagiken.com/

●ミネラル還元整水器●
〈還元力があり、ミネラルが豊富な水〉

日本鉱泉研究所の奥村崇升社長は、四十九歳のとき、胃ガンを宣告されました。手術はしたくないと思った奥村さんは死を覚悟したそうですが、そのとき無性に「昔の美味しい水」が飲みたいと思うようになったといいます。

奥村さんの出身は、熊本市の水前寺で、ここは名水の地として知られています。死と向き合ったとき、子どものころの思い出がよぎったのかもしれません。

奥村さんの故郷には、次のようないい伝えがあったそうです。

「病気治すにゃ薬はいらぬ　病気治すにゃ毒を出せ　毒を出すには水を飲め」

いい水には活性酸素を除去する還元力がありますが、このいい伝えには日本人の古来からの生活の知恵が示されているのです。

また、胃ガンを宣告されたことを知った友人から、奥村さんはブラジル原産の「シモン1号」というサツマイモが体にいいということですすめられました。

ガンを克服したいと思っていた奥村さんは、そのサツマイモを食べ続けたそうです。とうとう畑を借りて栽培するようになり、できたイモを健康食品に加工して販売する会社までつくりました。

しかし、一年目は立派なサツマイモができましたが、二年目になったら小ぶりなものしかできません。連作でやせてしまった土壌を改良しなければいけないということで探し歩いている間に、良質な天然ミネラルが豊富に含まれている信楽焼の釉薬に使われている砂がいいことを知りました。

この砂を土壌に入れてみたところ、次の年には立派なサツマイモが収穫できたのです。

そこで奥村さんは、次のように考えたそうです。

〈ミネラルが入っている砂を入れたら、サツマイモが甦った。これは、土壌中のミネラルを吸い上げたからに違いない。「シモン1号」が健康食品として優れているのは、ミネラルを豊富に含んでいるからだろう。だから一年目で土壌のなかのミネラルがなくなってしまったに違いない。イモはこのミネラルを水に溶けたかたちで吸収するのだから、水を直接飲んだら、もっといいだろう…〉

このようにして奥村さんは、水の研究に没頭することになりました。さまざまな文献を読み漁り、各地の名水を調べ、独自の研究を続けました。

そのころから浄水器が普及しはじめていましたが、普通の製品は雑菌や塩素だけでなく、ミネラルなどの栄養分も除去してしまいます。これに対して名水といわれるものは、ミネラルなど、土中のさまざまなエネルギーを取り込んでいます。

また、電気分解してつくるアルカリイオン水は活性酸素の発生を抑える働きがあり、還元力がありますが、水に電気エネルギーを加えることには奥村さんは抵抗があったといいます。

奥村さんは研究の末、電気を使わないで、鉱物を組み合わせることによって、還元力のある「いい水」をつくる方法を考え出しました。これでできたのが、「ミネラル還元整水器」です。

・環境にもやさしく、「本物技術」の条件を満たしている

この「ミネラル還元整水器」には、次のような特徴があります。

①水道水から低コストで還元水をつくることができる、②電気分解しないでアルカリイオン水ができる、③クラスターの小さい水ができる、④水素を多く含んだ水ができる、⑤

ミネラルを豊富に含んだ水ができる、⑥マイナスイオンを多く含んだ水になる、⑦抗菌作用・制菌作用のある水ができる、⑧洗浄力のある水になる、⑨塩素が無害化される、などです。

「ミネラル還元整水器」の秘密はマグネシウムにあると、奥村さんは話しています。整水器には六種類の鉱石が入っていますが、その一つが海洋深層水から抽出した純度一〇〇パーセントに近い天然マグネシウムだというのです。これが水と反応して水素を発生させ、アルカリ性で還元力のある水になると説明しています。

電気分解してできたアルカリイオン水のミネラル含有量は原水の十～二十パーセント増となりますが、「ミネラル還元整水器」でできた水はマグネシウムイオンが三十～五十倍にも増えているといいます。

「ミネラル還元整水器」は、電気も使わず、それほど場所をとるものでもありません。フィルターなどを使っていませんから、定期的に交換が必要な部品もありません。給水元や水道栓に設置する「元気の水」という整水器のほか、ペットボトルなどに入れて使える「マグスティック」という携帯型のものもあります。

奥村さんは、この「ミネラル還元整水器」でできた水に十分満足しているようです。彼は次のようにいっていました。

「還元力があってミネラルが豊富に含まれていますから、おいしいだけでなく、体にもいい水です。この水で洗濯すれば汚れがよく落ちます。また、お風呂に使えば簡単に温泉の感覚を味わうこともできます。電気分解するタイプの器械では、どうしてもコストが高くつくので飲用以外に使うことがためらわれますが、これなら家中で使えます」

奥村さんは、胃ガンの宣告から十五年たちましたが、還元力のある水を飲み続けているせいか、いたって健康です。

いま、「ミネラル還元整水器」でつくった水は、農作物や家畜などの成長促進、農薬や化学肥料の使用量削減、品質改善、鮮度保持に効果があるとして、農業、水産業、酪農などへの利用もはじまろうとしています。

奥村さんの理論は、私の知識の範囲でも、ほとんど理解できます。「ミネラル還元整水器」でつくった水に素晴らしい効用があることは間違いないと思っています。コストもかからず、すぐ効果が出て、還元力があり、環境にもやさしい。これは、「本物」の条件を満たす技術だと思います。

ここで一つ、奥村さんのつくったマグスティックの水の奇跡的な話しをお伝えします。本書の第一章や第二章で紹介した森田健さんから私のところへ、次のような手紙がきました。昨年の六月のことです。

前略
いつもありがとうございます。
今年もフナイ・オープン・ワールドにノミネートさせていただき、嬉しく思います。
頑張って講演いたします。

さて、先日マグスティックを送っていただきました。
何度か測定をしましたが、酸化還元電位の値は素晴らしいものです。
銀河運動装置で出来る水と大差ありません。
そこで金魚の蘇生実験をしてみました。

まず、四匹の金魚をベランダのコンクリートの上に四時間放置しました。
かわいそうにカチカチになります。
前日からマグスティックの水を作っておき、その中に死んだ金魚を入れました。
すると三匹はすぐに泳ぎだしました。もう一匹は三十分ほどたって泳ぎはじめました。
生き返ったときの写真を同封します。

水とか金魚が汚れているのは、金魚がベランダのコンクリートで暴れていたためです。
マグスティックは蘇生水です。
水を還元させるだけでなく、人の命も還元させると思います。

大変に素晴らしい商品だと思います。

■株式会社日本鉱泉研究所■
〒861－4101　熊本県熊本市近見7－13－60
TEL　096－278－8266　FAX　096－278－8267

・作用反作用の法則で地震予知が一〇〇％当たる

ところで、世界中を不思議現象の解明のために飛び回っている森田健さんが紹介してくれたのが神坂新太郎さんです。森田さんは不思議研究所（http://fushigi.accnet.co.jp/menu.asp）を主宰していて、これまでたくさんの「本物」や「びっくり現象」を私に紹介してくれた大切な友人です。

モンロー研究所のモンロー所長も彼が紹介してくれました。煎ったピーナツを蘇生させ、芽を出させる実験に成功した中国の孫儲琳さんを紹介してくれ、私の眼前で、蘇生の瞬間を見せてくれたのも森田さんです。「世の中の構造」や「真理」の研究は私のライフワークになっていますが、これまで私に真実を教えてくれた約二十人ほどの人たちのうち七、八人は森田さんの紹介で出会った人たちです。その森田さんが四年ほど前に紹介してくれたのが、神坂新太郎さんです。

神坂さんは、いま八十四歳ですが、ひとりで物理学の研究を続け、素晴らしい発見をしています。そのひとつが、地震を予知する方法の発見ですが、彼の研究成果はこれだけではありません。先に「水」のところで紹介したように金魚を再生させる水をつくったのも神坂さんですし、これまでの物理学の常識をくつがえすような事実も数多く発見していますす。ここでは神坂さんの研究成果の一端をご紹介します。

●銀河運動装置●
〈地球の運動を再現し、生命誕生の秘密に迫る〉

神坂さんは中学生のころ、学校で戦争を批判する演説をして退学になりました。

戦争中のことですから、配属将校に「お前のような非国民は、どこの学校へも行けなくしてやる」といわれ、学校を追い出されたそうです。

神坂さんは、自分の考え方が間違っているかどうか、日本一偉い先生に聞いてみようと、当時、東京帝大総長だった美濃部達吉さん（「天皇機関説」で知られる人。元東京都知事美濃部亮吉さんの父親）に手紙を出します。美濃部さんは神坂さんに励ましの返信をくれるとともに、三冊の学術書を送ってくれました。しかし、その後間もなくして美濃部さんは不敬罪で逮捕されることになります。

それ以来、「学校で習ったことは、自分で確かめてみる必要がある」というのが、神坂さんの信条となりました。その後、神坂さんは、さまざまな物理学の実験に取り組みはじめました。

あるとき、神坂さんは、モーターを回すときの反動が毎日違うことに気がつきました。定電圧装置を通して電圧や電流を一定に保っているのに、モーターにつけたバネばかりの数値に、日によってバラツキがあったのです。こんなことが起きるのは、ニュートンの運動の第三法則、すなわち「作用反作用の法則」が間違っているか、未知の力が加わっているとしか考えられません。

これについては、彼は一日三回、タイマーをセットして十年以上にわたって計測し続けているのですが、モーター始動のときの反動は、日によって七〜十パーセントから最大二十〜三十パーセントくらいまでのブレがあるようです。

そして、面白いことに気づきました。未知のエネルギーの値が低くなっているときに、地震が起こることが分かったのです。大きな地震が起きる前から、地震の一週間後くらいまで、異常な数値となって、測定機器が壊れたのではないかと思うような変化が表れるというのです。これで、完全に地震の予知ができるようです。実績は見事なものです。

また神坂さんは、月や太陽など、他の天体と地震との関係も指摘しています。

昔から「朔望の大震」という言葉がありましたが、これは、新月や満月のときに大地震が起きるといういい伝えです。このような考え方を気象庁は真っ向から否定しているそうです。

神坂さんは、地殻のエネルギーが蓄えられていてこれが地震の原因になっているのは間違いないといいますが、これが月の引力によって満潮や干潮のときに地震を引き起こすようだというのです。月が及ぼす引力は太陽の倍はありますから、この力を無視して地震の予知はできないというのが、神坂さんの主張です。

・五十億年の歴史を再現したら金魚が蘇った

先に、金魚を生き返らせた水について述べましたが、この実験を最初にしたのも神坂さんです。

神坂さんは、「銀河運動装置」というものをつくっています。これは、地球の歴史を物理学的な運動の視点から解明しようというもので、地球の自転と公転、そして太陽系の公転運動をシミュレートして螺旋進行運動を再現する試みです。

実際に私も神坂さんの自宅に行って、その装置を見ました。モーターを組み合わせて非常に複雑な運動をする機械ですが、みるみる一分間六〇〇〇回転までスピードが上がります。

地球ができて五十億年たちますが、三十五億年くらい前には生命現象が発生した痕跡があるとされています。この生命の誕生を物理学的に検証してみたいというのが、神坂さんの研究者としての夢であり、ロマンなのです。

地球の重量は五・九七×十の二十四乗キログラムですから、神坂さんの装置の地球に相当する部分の三十グラムで割ると、「銀河運動装置」を一分間回せば五十億年の歴史が再現できることになります。さまざまなロスがあるはずですから、彼は三十分間回してみることにしました。生命は水の中で発生したといわれていますから、装置の地球に当たる部分には水を入れました。

三十分間回した水を取り出してみましたが、温度も変わらなければ質量も変わりません。そんなものだろうなと思って、たまたま家にあった山椒の若葉をその水を入れた容器に挿しておいたところ、水道水に挿してあったものの倍も持ったというのです。

俄然、神坂さんの科学者精神がうずきはじめました。この水には生命反応がある、そう思った神坂さんは、動物にも作用があるのではないかと思って実験してみることにしたのです。

体長三センチくらいの小さい金魚を二十匹買ってきて、真夏の炎天下、三十五度くらいの日に二、三時間放っておいてカラカラになったものを「銀河運動装置」でつくった水の中に戻してみたのです。

そうしたら、二十匹とも、五〜十分くらいで息を吹き返して泳ぎはじめました。そこで、四回続けて同じような実験をしたそうですが、二回目十五匹、三回目八匹、翌日の四回目三匹というように、蘇生率は回を重ねるごとに落ちていったそうです。

神坂さんは、水の成分を分析してみようと考えました。先の方法でつくった水一リットルを蒸発させてみたのです。

一〇〇ccくらいになったところで、水の底にドロッとした液体がたまっていることに気づきました。それをさらに干したところ、塩のような白い粉が残りました。いろいろ調べてみたところ、ドロッとしていたものは液状過酸化水素、白い粉も過酸化水素の結晶であることが分かりました。

金魚で再生力があったのだから、人間ではどうなるだろう。素朴な疑問です。神坂さんは自分で毎日「銀河運動装置」でつくった水を飲みはじめたそうです。

いま、神坂さんの体からγ線が出はじめているといいます。パソコンなどは使えなくなるほど強いγ線だということです。γ線にはＤＮＡを切る働きがありますからどうなることか……。まだまだ神坂さんの実験は続きます。

■神坂新太郎の世界■
http://members.jcom.home.ne.jp/koro-k/

ケガレチをイヤシロチに変える新技術

土地には、いい土地の「イヤシロチ」と、悪い土地の「ケガレチ」があります。

この言葉は謎の古文書『カタカムナ文献』に書かれていたもので、「イヤシロチ」というのは「生命力をいよいよ盛んにしてくれる土地（病気などをいやしてくれる土地）」、「ケガレチ」というのは「元気がなくなる気が枯れた土地」を意味しています。これを現代に甦らせたのが、楢崎皐月さんという科学者です。

楢崎さんは農業技術の研究に携わり、まず最初に大地電流の測定に取り組みました。そのとき、偶然『カタカムナ文献』に出合うことになります。楢崎さんは全国をくまなく測定し、還元電圧が高く生命力に満ちた「イヤシロチ」と酸化電圧が高く荒れた「ケガレチ」があることを科学的に証明しました。日本には三十数パーセントの「ケガレチ」と十パーセント強の「イヤシロチ」、そして五十五パーセントの標準的な地帯があると彼は発表しています。

商売やビジネスも、「ケガレチ」では成功しません。うまくいっている会社はすべて「イヤシロチ」にあるといっても過言ではありません。ここで「ケガレチ」を「イヤシロチ」に変える最先端の「本物」技術を紹介します。

●アースラブ●
〈養豚の研究から生まれた完全循環型システム〉

養豚場や養鶏場というと、臭いというイメージが一般にあります。しかし、養豚場の匂いをまったく消してしまう技術を開発した人がいます。アースラブ・ニッポンの矢部栄次会長です。

矢部さんは若いころ、種豚の育成で全国的に名を知られていました。三十八歳のときには、日本一の豚を育てて、日本種豚協会主催の共進会で優勝もしています。

そんな矢部さんに転機が訪れたのは、優勝して間もなくのことでした。子豚が免疫不全におちいり、生後わずか一週間で死んでしまう「オーエスキー病」が日本全国で大流行したのです。そのため、種豚を育てて、全国に販売していた矢部さんの養豚場経営は行き詰ってしまいました。

矢部さんは、種豚育成から、豚の一貫飼育に方向転換することになりました。育成する頭数を大幅に増やし、畜舎も拡大、さらにそれまでは山の谷水だけしか使っていなかったのですが、それでは足りないので水道も引きました。

ところが、それまで匂いなどあまりしなかった養豚場に、強い臭気が漂うようになったのです。矢部さんは必死になって消毒し、豚舎を清潔に保つ努力をしました。しかし、臭気は一向に消えません。

ほとほと困った矢部さんは、ある科学者に相談しました。すると、次のようにアドバイスされたのです。

「塩素の入った水を家畜に与えたり、豚舎を消毒したりすると、微生物が死んでしまう。

それは自然の摂理に反している」

そこから、矢部さんの奮闘が始まったのです。

まず、水から塩素を抜き、昔は海底だったといわれる土地の土を浸した水を豚に飲ませてみたところ、わずか十五日で豚の糞尿の匂いが消えたといいます。

矢部さんは、さらに研究を重ねました。そして注目したのが山土です。

山で死んだ動物の死骸を見ることはありません。すぐに消えてしまうからです。山でも海でも、自然界には有機物をすべて吸収してしまう力があるようです。

山土は、長い時間をかけて、動物の死骸や落ち葉といった堆積物が微生物によって分解されてできるものです。矢部さんは、それをもっとスピーディにつくれないかと研究を重ねました。

そして、さまざまな土に豚の糞尿や落ち葉、草などを混ぜ合わせてできたのが、「アースラブ」の土です。「アースラブ」の土には生体触媒機能があり、微生物の共生関係によって二十種類のアミノ酸をつくり出し、これがさまざまな酵素を活性化します。「アースラブ」は、まさに自然界の環境を再現するシステムなのです。

・さまざまな効果で注目される還元型の土

「アースラブ」の土に生ごみなどの有機物を入れて混ぜておくと、二週間ほどですべて分解され、土に還ります。「アースラブ」の土自体の体積は少しも増えません。この「増えない」ところがポイントです。ですから、何回も使うことができます。

このように、「アースラブ」の土は生ゴミなどを土に還しますが、堆肥のように発酵したりはしません。温度も堆肥のように上がるようなことがありませんから、黒くならず、褐色の土のままです。発酵して黒くなった堆肥の電位は大きくプラスに傾きます。すなわち酸化されてしまっていますが、「アースラブ」はプラスとマイナスのバランスがとれた還元型の土なのです。

そもそも、豚舎が匂うようになったのは、塩素の入った水道水、すなわち酸化した水を与えたためでした。人為的にコントロールするような飼い方をしていると、どうしても酸化してしまいがちです。塩素を抜いた水、つまり還元した水を豚に飲ませたことが、矢部さんの成功の第一歩だったのです。

「アースラブ」の土は、畜産以外の分野でも利用されています。種苗の発芽の速度が速くなる、作物の成長を促し収穫量が増える、土壌の環境を復元する、農薬や殺虫剤など化学薬品の量を減らすことができるといった効果があり、さまざまな農業分野で利用されています。

さらに、矢部さんは最終的に、「リンネ」という水処理用の資材、そして「酵素活性化法」という水処理技術も開発しました。この「酵素活性化法」は、家畜の糞尿だけでなく、下水の汚泥消滅やさまざまな排水の処理に成功し、注目を集めています。

矢部さんはいま、養豚はやめて「アースラブ」資材のノウハウ開発を仕事にしていますが、場をよくするためにさまざまな努力をしています。

会社の敷地に二トンもの炭を埋めたほか、さらにマイナスイオンを発生させる頂上針を設置しています。これにより、カラスが寄ってこなくったそうです。神社仏閣は、古来、電位の高い場所、すなわちマイナスイオンが多い場所につくられてきました。

電位の高い場所には、人が集まります。そのためか、矢部さんのもとを訪れる人は絶えることがありません。

■有限会社　アースラブ・ニッポン■
〒516-2112　三重県度会郡度会町上久具1578-1
TEL　0596-62-0766　FAX　0596-62-1973
http://www.earthlove.co.jp/

●グラビトンセラミック●〈酸性雨を中和して注目を浴びるGTWシステム〉

酸性雨に対する危機感は日本ではまだあまり強くありませんが、今後、中国の工業化が進むとともに、かなり深刻な被害が出るのではないかと予想されています。環境先進国のドイツやスウェーデンでは、酸性雨の被害に対して土壌の中性化などの対策が講じられています。またアメリカでも、酸性雨問題は大きく取り上げられるようになっています。

もともと雨は空気中の二酸化炭素を含んでいるため弱酸性ですが、強酸性を示すPH五・六以下の雨が酸性雨と定義されています。ちなみに、現在の日本の雨の平均PHは四・七です。

酸性雨で土壌が強酸性になると、土中のアルミニウムが溶け出して、土壌中の微生物が死滅し、樹木が枯れ、また湖の魚も死んでしまいます。アルミニウムについては、痴呆の原因となるなど、人体への影響も心配されています。

この酸性雨の被害を抑えるため、いま日本各地でグラビトンシステムの実験が行われています。

グラビトンシステムの根幹となっているのが、故関英男さんの「グラビトニクス理論」です。関さんについては第六章で紹介しますが、グラビトニクス理論とは、極端に高い周波数帯域の波動（10^{22}ヘルツ以上）であるグラビトン（重力波）が、人間や動植物、鉱物など、この世界に存在する創造物のすべて、さらには天体や宇宙空間にいたるまで、あらゆるものに影響を与えているという理論です。

そして、この理論をグラビトンシステムとして実用化に成功した一人が、福岡にある密教寺院「宝地院」の院主、畠中卓明さんです。彼は宗教家でありながら、宗教にとらわれない自由な発想で、現代文明のさまざまな問題点を指摘してきました。

畠中さんは、宗教を「唯物主義科学が生まれる前の古代のテクノロジー」と解釈しています。

伝統の作法に則って加持祈禱を行うと医者に見放されたような病気が治ったり、護摩を焚いたあとの灰を水に溶いて飲むと病気が治ったり、結界の中では食べ物の味が変わったり植物の生気が増したり、科学では説明できないようなことが絶えず起きます。こういった不思議な現象が、偶然の産物ではなく法則性のあるテクノロジーではないかと考えた畠中さんは、その古代のテクノロジーを現代に再現しようと、古来より伝わる文献を基に試行錯誤を重ねてきました。

そこで出合ったのが、関さんのグラビトニクス理論だったといいます。

畠中さんは、もともと「想念」の存在に注目していました。想念とは実体のないものではなく、エネルギーをもつ波動であり、物質に作用して物理的な現象を引き起こすのではないかと考えていた畠中さんの理論に、グラビトニクス理論がぴったりはまったのです。

たとえば、お宮さんなどに行っただけで心が休まるという経験はだれもがしていると思います。これは、長年にわたって毎日唱えられてきた祝詞《のりと》などが周波数の高い波動になって柱や壁に染み付き、そこにいる人間の想念を浄化してくれるためだと彼は考えたのです。

・結界を張ることによって土壌が浄化される

古来、日本では除霊という行為が行われてきましたが、この「霊」という言葉は、波動と置き換えて考えることができます。畠中さんは、科学技術を駆使して除霊の技法を現代に甦えらせることができないかと考えていました。加持祈禱ではなく、ハイテクを駆使して波動のコントロールができないかと考えたのです。

そして、関英男さんとの共同研究により、動植物に有効な固有の周波数帯域の波動を転写したセラミックチップを完成させました。このセラミックチップには、宝地院で伝承されてきた処理を行い、さらに波動転写器で高い帯域の波動を転写しています。

畠中さんの発表ではこのセラミックチップは、先祖の霊の供養や、体調を整える、結界を張るといった用途に応じて、グラビトンセラミックという商品名で十数種類開発されているということです。

酸性雨に効果があるとされているのは、「CREA（クレア）セラミック」というチップといいます。土地の四隅と中心に一個おくだけで寺院や古代の都市のような結界ができて、しかもその効果は半永久的に続くということです。グラビトンシステムで、このような結界をつくるのです。これは私も理解できます。

結界を張った土地の中では、土壌中のダイオキシンがゼロになる、畑の作物が元気に育つ、酸性雨が降らなくなったといった調査結果が出ています。

これについて、林野庁関東森林管理局に勤務し、長年、酸性雨の危険を訴える啓蒙活動を続けてきた宮下正次さんは、次のように評価しています。

「前橋市の敷島公園では松枯れの進行を止めるために埋炭を行っているが、公園の一部にグラビトン結界を施してもらい、翌々日に降った雨を計測したところ、PH六・八（結界内）を観測し、非常に驚いた。後日、専門家に池のPH測定を依頼したが、いずれも中性を示し、これは結界の効果以外はあり得ない」

なぜ、結界内で、このようなことが起きるのでしょうか。

あらゆる物質には、それぞれ固有の周波数があります。環境汚染や電磁波といった悪影響が加わると、この振動に乱れが生じます。グラビトンシステムには、この乱れた振動を本来の周波数に戻す力があるようです。

グラビトンシステムは、いまその効果が注目を集め、ドイツの酸性雨から森林を保護するプロジェクト、イギリスのコーギル研究所の電磁波の人体への影響低減化プロジェクト、ダイオキシン低減化プロジェクト、鹿児島県による家畜感染病発症低減化プロジェクトなど、複数のプロジェクトが進行中だということです。

■株式会社ミドルウェイ・ジーエスエイチ■
〒107－0052　東京都港区赤坂2－11－3　ラパヌイ東京
TEL　03－3568－6166　FAX　03－6229－3674
http://www.gravitonics.com/index.html

背骨と歯を正常にすると、体の不調がよくなる

西洋医学は、人間の体をどんどん細分化し、よりミクロに見ることによって発展してきました。診療科目も細分化され、それぞれの分野のエキスパートが名医といわれるように

なっています。

しかし、人間の体は機械とは違います。たとえば臓器移植は最先端の治療方法ですが、機械の部品を交換するように取り換えればいいものではないと思います。これは、まさに行き着くところまで行ってしまった、いまの西洋医学の姿の象徴です。

医学に限らず本物というものは、それだけですべてに効果があって、単純で、しかも安価で、みなが利用できるものでなければなりません。ここで紹介する背骨と歯の治療は、ズレている背骨を矯正することによって、また歯の噛み合わせを治療し、良い入歯を入れることによって、人間のカラダが正常化するというものです。

西洋医学的な考え方に慣れてしまった人には、にわかには信じがたいことかもしれませんが、西洋医学で手遅れとか、手の打ちようがないといわれた人たちが、これから紹介するプロたちの治療によって救われている事実をぜひ知ってほしいのです。

●東洋カイロプラクティック●
〈骨格のズレを矯正するカイロを東洋医学で再構築〉

東洋カイロプラクティック専門学院理事長の井戸幸枝さんは、西洋医学を基本に発展し

図表⑧　井戸幸枝さんの対比

〈西洋医学〉	〈東洋医学〉	〈西洋医学〉	〈東洋医学〉
科学的	哲学的	動物実験	人体観察
分析的	総合的	細菌的	体質予防
理論的	経験的	他覚症重視	自覚症重視
局部的	全体的	欧米で発展	中国で発展

てきたカイロプラクティックに東洋医学の手法を取り入れ、「東洋カイロプラクティック」という新たな整体の体系を確立しました。

カイロプラクティックというのは、一八九五年、アメリカでダニエル・デビッド・パーマーが体系化した整体術です。「骨格がズレることにより体のバランスが崩れ、病気を招く。ズレた骨格を矯正すれば、体のバランスが整い、病気を予防できる」という理論で、世界中で多くの人々に支持されてきました。

日本でもカイロプラクティックは普及していますが、基本が西洋医学ですから、「悪い部分をよくする」という考え方がベースになっています。これに対して井戸さんのつくり上げた体系では、長所を伸ばし自然治癒力を引き出し、「悪くなった原因を正す」ことがその基本となっています。

具体的には、アメリカ式カイロプラクティックの「ズレている骨を元の位置に戻す」という方法論ではなく、「骨

図表⑨　船井幸雄の対比

〈天の理〉	〈地の理〉
単純	複雑（デリバティブなど）
調和	不調和（環境破壊）
共生（協調）	競争、搾取（大企業や先進国の考えていること）
開けっ放し	秘密（特許やスパイ戦争）
自由	束縛（法律）
公平	不公平（貧富の差）
融合	分離（医学などの細分化）
アナロジー	デジタル（第五世代までのコンピュータ）
効率的	ムダ、ムラ、ムリ（資本主義を成り立たせる原点）
長所進展による生成発展	短所是正による後退（小泉内閣の政策）

がズレる原因となる深層筋のこり」を解消し、体がもともともっている「正常な位置に戻ろうとする力」を手助けする手法だということです。

井戸さんは、西洋医学と東洋医学について、二二三ページのように対比して説明しています（図表⑧）。

私は「天の理」と「地の理」について前章で述べたように次図のような比較をしていますが、井戸さんの示した「西洋医学」と「東洋医学」の比較は、これにとても似ています（図表⑨）。

・療術の基本は骨格、おもに背骨の矯正

アメリカから入ってきたカイロプラクティックでは器械を使って矯正することが多いの

ですが、井戸さんはすべての療術を手だけで行うようにしました。器械を使わないのは、東洋医学の「手当て」という原点を非常に大切にしているからです。私は、このような手当てにより、手を通して施術者の波動が伝わり、これが患者の免疫力などを活性化するのだろうと考えています。

また井戸さんは、西洋医学のように病名をつけるようなこともしません。痛みなどで苦しむ人にとって、病名は単なる気休めのようなものでしかないといいます。患者にとって問題は、痛みなどの苦しみをどうやって取り除くか、ということなのです。

西洋医学では、病名をつけて細分化し、対症療法、細分化治療を行います。これには、教育システムの問題もあります。西欧の科学というものが、より分化することによって発展してきたということが、その基本にあります。風邪の治療法が分らない医師が多くいるという話はよく聞くことです。

これに対して「東洋カイロプラクティック」では、問診、視診、触診はきちんと行いますが、どのような症状に対しても、療術の基本は骨格、おもに背骨の矯正です。きわめて単純です。

これは、井戸さんがつくり上げた「東洋カイロプラクティック」がまさに根本療法だからなのです。井戸さんは、病気というのは単なる現象にすぎないと考えています。病気というのは、次に訪れる健康な状態への途中経過であるという考え方です。

たとえば風邪をひくと、熱が出て体がだるくなって動けなくなります。しかし、風邪の原因はウイルス感染であり、熱が出たりだるくなったりしているのは、生体がウイルスと闘っている状態、すなわち自然治癒力が働いているからだというのです。つまり、いずれ、健康な状態に戻っていくという考え方なのです。

また、「東洋カイロプラクティック」では、メンタル面を非常に重要視しています。体と精神、さらには自然界との調和の中にこそ健康があり、そのバランスがとれて初めて本来生体がもっている力、すなわち自然治癒力が引き出せるという考え方なのです。このバランスがとれれば自然に体は活性化し、食欲が湧いてよく眠れるようになり、痛みが消え、体が動くようになるということです。

私も人の意識、そして波動について研究してきましたから、この井戸さんの理論・手法はとてもよく理解できます。

■東洋カイロプラクティック専門学院■
〒114－0002　東京都北区王子1－27－15
TEL　03－3913－1020
http://www.rev.co.jp/toyocp

●総合整体療法●
〈首の付け根のズレの矯正で八割の人の悩みが解消〉

私はいたって健康ですが、それでも何回か体調を崩したことがあります。

もともと喉が弱かったのですが、二〇〇〇年の年末に台湾から帰ったところで咳が出て止まらなくなりました。西洋医学の医師に診てもらったのですが、喉の使いすぎということで、講演をやめて、お酒を飲むのはやめなさいと言われました。

びっしり詰まっていたスケジュールを無理にあけて三日ほど休みましたが、一向によくなりません。講演が苦痛でした。

以前、やはり喉の調子がよくなかったときに、有精卵に卵の半量ほどの醬油を混ぜた卵醬を飲んでよくなったことを思い出して飲んでみましたが、多少落ち着いたものの、またぶり返しました。

そんなときに出会ったのが、健幸クラブ&整体院院長・全国予防療法普及会理事長の佐藤文治さんでした。この人のひたむきなまじめさに惹かれ、カイロプラクティックをベースにした佐藤さん独自の「総合整体療法」を毎週一回、しばらくの間受けてみたのですが、しばらくして体調は非常によくなりました。

背骨の中心には、脳脊髄神経が通っています。これは約三十万本の神経繊維の非常に太い束（その人の小指くらいの太さ）で、脳からの電気信号を全身に伝える役割を果たしています。これについて、カイロプラクティックの始祖、パーマーは、「生命力は脊髄を通って流れ、脊髄神経によって全身に伝達される」という言葉を残しています。

前項で述べたように、カイロプラクティックはズレた背骨の矯正を治療の中心に据えていますが、佐藤さんはこれまで数多くの人たちの治療をしてきた中で、とくにズレやすい部分が首の付け根付近にあることに気づいたそうです。体の不調を訴える人の七割から八割は、この部分がズレているといいます。

人の頭は体重の十分の一から十二分の一もあるそうで、その重さを支えているのがこの部分だというのです。首の付け根の背骨のズレが多いのも分かるような気がします。さまざまな症状や病気の原因となっていることから、佐藤さんはこの部分を救所（急所）と呼んでいます。

佐藤さんは、まず頸椎と上部胸椎のズレを最初に疑って治療にかかるというのです。ここを矯正することによって、八割の人の悩みが解消してしまうといっています。

・八つの療法で構成される「総合整体療法」

どんなに素晴らしい整体療法をやってもらっても、日常生活の中で悪条件が改善されなければ、逆戻りしてしまいます。佐藤さんの「総合整体療法」は、整体を中心として八つの療法の組み合わせで構成されています。

①整体療法

これは、もっとも基本となる背骨のズレや歪みを矯正する手技です。安全で即効性のある五つの秘技からなります。

②体操療法

自分で背骨を矯正するための方法です。次に紹介する簡単な「筋御《きんぎょ》体操」で、救所のズレを的確に矯正することができます。

毎日、寝る前と起きる前にうつ伏せになり、膝の部分で足を九十度に曲げて左右に振ります。これをバタンバタンと、五〜十分間繰り返します。

③睡眠療法

「健康は夜つくられる」というのが、佐藤さんの持論です。寝具が柔らかすぎると、寝返りがうちにくくなり、猫背になりやすいということです。整体で背骨を矯正しても、寝具が適切なものでなければ、逆戻りすることになるとのことです。そこで彼は寝返りによる背骨矯正に最適な「ミラクル・マット」を使用することを勧めています。

④環境療法

寝室の温度は、四季を通じて朝まで二十〜二十五度に保つようにしたほうがいいとのことです。安全、健康の両面から考えて、暖房器具は「サン・ラメラ」という遠赤外線暖房器を推薦しています。

⑤氣水療法

空気と水は、私たちが健康な生活を営むために不可欠ですが、いまやともに汚染されています。この問題の根本的な解決は難しいので、当面、重度の酸欠については酸素発生器でしのぎ、水については高い波動に変えるような活水器の利用をすすめています。

⑥食事療法

佐藤さんは、「蘇食」をすすめています。草（野菜）と魚と禾（穀物）を組み合わせた和食が、いい血液をつくるもとになるということです。また、背骨のズレや歪みは、好みの変化、量の変化となって表れるそうです。

⑦陰陽療法

東洋哲学の陰陽を大切にするということで、佐藤さんは男女が持っている気の果たす役割をしっかり理解し、活用するよう説いています。

⑧物心療法

心と体のバランスが崩れると、不健康、病気になります。物欲への反省から精神一辺倒になることの危険も、佐藤さんは指摘しています。

■健幸クラブ＆整体院■
東京　TEL　03－5439－6260　FAX　03－5439－6261
仙台　TEL　022－257－3211　FAX　022－257－3212
http://www.welcome-sendai.net/kenko-club/index.htm

●東洋医学健康研究所●
〈本当の意味でのホリスティックな医療を目指す〉

先に述べたように、私は人一倍、喉が弱く、講演などで人前で長時間話すこともあって、なかなか症状がよくならないことがしばしばです。さまざまな方法で治療を試して一時期のひどい状況は脱しましたが、これは私の持病だと思っています。

その原因は、私の二番目の頸椎がズレていて、呼吸器系の神経を圧迫しているからだというのが、東洋医学健康研究所の玉木志保美さんの指摘です。

玉木さんは非常な勉強家で、古今東西のさまざまな健康法を研究しています。

整体を中心に、中医学（八綱弁証、六経弁証、衛気営血弁証、気血弁証、臟腑弁証、病邪弁証、経絡弁証などの理論を統合した中国医学）、カイロプラクティック、アーユルベーダ（五〇〇〇年の歴史をもつインドの伝統医学）などを猛勉強し、さらには薬膳や健康食品の研究もしています。

玉木さんは、西洋医学も否定していません。現代医学も含め、伝承医学や民間療法までさまざまある中から、もっともいい方法を提供していくのが、医療に携わる者の務めだといいます。最近は、西洋医学の医師、歯科医などと一緒に勉強会をつくって情報交換を行い、本当の意味でのホリスティック（全人医療）な医療を目指しています。

玉木さんは、「唯一無二の方法論というものはない」と言っています。彼女が主宰する東洋医学健康研究所も、エステティックサロン、ヘアクリニックサロン、薬膳・薬局、カイロプラクティックの複合施設になっています。さまざま分野から一人ひとりの患者にもっとも適した施術を組み合わせて行い、素人にもとても分かりやすい健康アドバイスをしてくれるのが、玉木さんの人気の秘密なのです。

さまざまな治療法があるということについて、玉木さんはメニエール病を例にとって次のように話していました。メニエール病というのは、内耳に内リンパ水腫ができて、めまい、耳鳴り、難聴などを引き起こす原因不明の疾患です。

西洋医学では利尿剤、血流改善薬、副腎皮質ホルモンなどを投与して改善しない場合は手術を行います。カイロプラクティックでは、頸椎一番、二番、もしくは頭蓋骨の底部にある蝶形骨の矯正を行います。中医学やアーユルベーダでは、エネルギー・バランスの歪みとしてとらえ、この歪みを整えます。それぞれ病気のとらえ方が違うので、当然、治療のアプローチも違ったものになります。

これは一つの治療法にこだわらず、さまざまな選択肢の中から、もっとも自分に合った治療方法を選ぶようにしなければならないということなのです。

玉木さんのところには、西洋医学に見放され、さまざまな民間療法を試して駄目だった人がよく訪ねてくるとのことですが、そういう人に対してはなぜ治らなかったのか、根本原因がどこにあるのかを探ることからはじめるということです。

・食べることだけでなく、排出も重要なポイント

さらに玉木さんは、いまの健康ブームの危険な側面についても指摘しています。

テレビなどの番組で目新しい健康法が紹介されると、みないっせいに同じことをはじめ

ますが、しばらくしてまた新しいブームがくると、またいっせいにそっちに流れてしまいます。

　これに対して玉木さんは、次のように話していました。

〈健康というのは実は簡単なことで、規則正しい生活を送り、バランスのいい食事をして、適度な運動を心がけ、ストレスをためないことです。これらはみんな分かりきっていることですが、なかなかできることではありません。これができないからさまざまな健康法を求めて右往左往することになるのですが、自分に合っている方法かどうか見極めないと、時間やお金の無駄になるばかりか、かえって健康に悪い場合もあります〉

　自分の体質や生活習慣、癖を知っていれば、こんな無駄なことなどしなくていいはずだともいっていました。

　健康ブームというと、どうしても何を食べたらいい、何を飲んだらいいということになりがちですが、玉木さんは「排出すること」もとても重要だといっていました。

　確かに、現代人は食べすぎかもしれません。世界には飢えに苦しむ人たちが大勢いるのに、日本人はまさに飽食の生活を送っています。

　玉木さんは、多くの日本人はこれ以上、食べても老廃物を増やすだけだと述べています。中医学やアーユルベーダでは、体に不要なものの排出を重要視しています。とくに便が問題で、腸の中にためこんでいる便を出してきれいにするだけで全身症状の八割が改善するということです。

便秘の原因となるのは、①冷え、②水、③食物繊維、④油、⑤運動の五つです。まず、冷えていると感じたら、一日何度でも足湯を使うなど、体を温めるようにしなければなりません。また、食間に一日コップ四～五杯の水分を飲むようにすべきだということですが、冷たい水は避け、いい水をとるようにすべきだといっていました。

食物繊維をとるようにということは、もはやいわずもがなでしょう。

油というのは、アーユルベーダの健康法だということですが、ゴマ油やオリーブ油などの植物油には体の中の毒素を排出する働きがあるので、これを飲用するとよいということです。寝る前に、さじ一杯のオリーブ油を飲むと、便秘は解消するようです。ただし、調理して熱を通した油は酸化してしまっているので逆効果になるということです。

そして最後は運動ですが、高齢者など運動ができにくい人は、指圧でもかまわないとのことです。本当はウォーキングがいいというのですが、その場合はシューズが足に合ったものでないと逆効果になることもあるそうで、注意が必要です。

■東洋医学健康研究所■

〒624－0853　京都府舞鶴市南田辺12－16

TEL　０７７３－７７－１６１９　FAX　０７７３－７７－１６２０
http://www2.nkansai.ne.jp/shop/runa/

●「歯臓」治療●
〈「臓器としての歯」の大切さを訴える〉

私は、二〇〇一年に、村津和正さんという博多の歯科医師に歯を治してもらいました。いま七十歳になる私が、若いころ以上にハードなスケジュールで世界中を飛び回ることができるのは、ある意味で村津さんのおかげだと感謝しています。

村津さんを知ったのは、村津さんの著書『歯は臓器だった』（二〇〇〇年十二月、KOS刊）を私の親友の医師、矢山利彦さんの紹介で読んだことがきっかけです。この本は、体のさまざまな不調の原因は、歯の噛み合わせが悪いこと、金属、非金属を含めて不適合物質が治療に使われていることだと指摘しています。いい本だと思ったので、私のホームページで紹介したところ、村津さんから連絡をもらい、私の歯を診てもらうことになりました。

私の歯にはアマルガムという不適合物質が六本も使われており、さらに噛み合わせにも問題があるということで、アマルガムを除去して村津さんが開発した「むらつゴールド」の入れ歯に替え、噛み合わせも矯正してもらいました。

私のスケジュールが過密で、村津さんのクリニックが福岡であるため、すべての治療を終えるのに一年半ほどかかってしまいましたが、それからはムリをしない限り疲れ知らずです。

治療を終えてまず感じたのは、目がよく見えるようになり、鼻の通りがよくなったということです。それに、以前は六時間必要だった睡眠時間が、四時間か五時間で十分だと感じるようになりました。

村津さんは、特殊な感染症や遺伝性の疾患以外、すべての疾患の原因は歯にあると考えています。

事実、村津さんが院長を務める「むらつ歯科クリニック」には、アトピー、アレルギー、顎関節症、ガン、痙攣、しびれ、自律神経失調症、心臓疾患、側彎症、突発性難聴、バセドー病、肌荒れ、冷え性、不定愁訴、便秘、むち打ち症、卵巣機能不全症、リウマチなど、全国からさまざまな疾患に苦しむ患者さんが訪れ、全快したという喜びの声が寄せられています。

・「歯末梢説」から「歯中枢説」へ認識の転換が必要

なぜ、アマルガムが体に悪いのでしょうか。

歯に金属の詰め物をすると、口中で電気が発生して金属が溶け出します。また、アマルガムには五十パーセントの水銀が含まれていて、それが一年に一割の割合で溶け出すといいます。

水銀は、水俣病の原因となった恐ろしい物質です。水俣病は大量の有機水銀を摂取しないと発病しませんが、口中のアマルガムの無機水銀も軽視するわけにはいきません。いつイオン化して有機化するか、これが「一〇〇パーセント安全だ」と保証できる人はいないはずです。

溶け出した水銀は、男性の場合は主として前立腺、女性の場合は子宮などに蓄積されるようです。妊娠すると、子宮にたまっている水銀の三分の一が胎児に移行するといいますから、大変な問題です。

また、本来なら八十歳くらいまで性欲は衰えないそうですが、性欲の減退もアマルガムが原因だということです。

アマルガムには、水銀のほかにも亜鉛やスズといった、大量に摂取すると毒性があるとされる金属が含まれています。ちなみに、口中で電気を発生させない最良の素材は、ゴールド、チタン、セラミックだそうです。

次に、噛み合わせです。

顎の筋肉は、全身の筋肉や骨格とつながっています。そして顎は、全身の筋肉・骨格の要に位置しています。その要がズレれば、全身に影響を及ぼすのは当然のことなのです。たとえわずかなズレであっても、人間が生きている限り、咀嚼《そしゃく》は毎日繰り返されます。これが何年も続くのですから、いずれ筋肉や神経にストレスがたまり、そのストレスが限界を超えると自覚症状となって表れることになります。

噛み合わせのズレは、筋肉の物理的な緊張に影響するだけではありません。

歯は一本一本、独立した神経で直接、脳につながっています。そして、それぞれの神経が、自律神経や血液などとつながりをもっています。つまり歯は、咬み喰べること以外に、それぞれ異なる役割を担っているのです。

ですから、噛み合わせの異常によって異常緊張が起こると、脳幹のストレスが増大し、内分泌、自律神経、免疫能などに異常をきたすことになるのです。

歯は、単なる咀嚼の道具ではありません。自律神経や血圧、全身の筋肉や骨との連絡作用により、全身の健康に深くかかわっています。歯の治療とは、単に虫歯を治すことではなくて、全身の健康レベルを高め、生命機能を高めることなのです。

そんなに大切な歯なのに、現在の歯科医師たちの認識は、そこまでいっていないと思います。村津さんは、その原因を、「そもそも歯というものを末梢系の一部としてとらえてきたことに間違いがある」と言います。そして、「歯末梢説」から「歯中枢説」への認識の転換を唱えています。

「歯中枢説」を広め虫歯菌を根絶するため、村津さんは現在「日本歯臓協会」を設立し、新たな歯科治療を行う歯科医師の団体「歯臓治療ネットワーク」を立ち上げました。心ある歯科医の方々は、村津さんに連絡をとってぜひ参加していただきたいのです。私も、村津さんの活動を全面的に応援しています。

■KOS・むらつ歯科クリニック■
〒812－0011　福岡県福岡市博多区博多駅前2－5－9　萬代ビル1・2・3・4・5・8F
TEL　092－476－0808　FAX　092－415－5818
http://www.kos0808.co.jp/

万能薬（？）を見つけたおかげで私は超健康

一般の病院というところは、行くだけで病気になってしまうところだと、常々、私は思っています。

陰気な待合室に堅い椅子があって、殺伐としたところでまず待たされます。そんなところで十五分以上も待たされたら、そこにいるだけでいらいらして病気になってしまいます。診察室に入ると、医師からあそこが悪い、ここが悪いと脅されて、叱られます。また、薬を山ほど処方されます。そして、お金を払うときも待たされます。これでは、病状がよくなりようがありません。

私は病院などのコンサルティングを引き受けると、まず待合室をきれいにすることからアドバイスします。待合室には、花や絵を置き、よい音楽を流し、さらに、治った患者さんの実例をたくさん紹介した資料をいつでも見ることができるようにしておきます。これだけで、患者さんの治癒率は大幅に上昇します。

一方、西洋医学のように診療科目ごと、臓器ごとに細分化して診察・治療しなくてもすべてに効く治療、そして治療薬というものがあるはずだと思うのです。本物とは、単純、万能なものだからです。

ここで紹介するのは、病気を予防する万能薬のようなものです。本物は、これにしか効かないというものではありません。それらは、西洋医学の薬のように対症療法に使われるようなものでもありません。試してみましたが、こういう本物のおかげでそれらを知って利用している人たちはいたって健康です。

●徐福伝説●
〈「病気のない時代」を実現する健康食品〉

いまから二二〇〇年ほど前、秦の時代に、始皇帝の命を受けて不老長寿の薬を求めて、徐福は東方へ向けて航海に旅立ちました。徐福はついに薬をもって帰ることはなかったそうですが、徐福が不老長寿の薬を求めて日本にやってきたという伝説は日本各地に残っています。

さまざまな分野の技術者を伴っていた徐福によって、日本に医薬、天文、農耕などの技術が伝えられたといわれています。一説には、神武天皇が徐福だという言い伝えもあるほどです。

「徐福伝説」という健康食品は、不老長寿とまではいかないでしょうが、二二〇〇年前に徐福が求めていた幻の薬を現代に甦らせたいと考えて、つくられたものです。

　この食品には、成人病などを防止する効果が高いとされるSOD（活性酸素分解酵素）成分と、免疫能を高めるβグルカンが配合されています。多くの人が試してみて、大変に素晴らしい効果があったと報告しています。

　すでにご存じだと思いますが、活性酸素というのは、もともとだれの体内にもあるものです。しかし、喫煙や飲酒、ストレス、紫外線などによって、体内で多量の活性酸素が発生すると、生活習慣病やガン、老化、アルツハイマー病などの原因になるとされています。この活性酸素を除去する作用をもつのがSODです。

　SODは、私たちの体内でもつくり出されています。しかし、加齢とともに、その量は減少していきます。

「徐福伝説」には、パパイア、わさび、お茶の抽出成分に加え、水溶性βグルカン、ビタミンC、βカロチン、ビタミンEなどのSOD成分が入っています。

　βグルカンという言葉は聞き慣れないかもしれませんが、これは食物繊維の仲間で、多糖類の一種です。このβグルカンには、免疫能を活性化する作用があります。免疫能も、SOD同様、年をとるに従って低下してしまいます。

βグルカンには、キノコ類、イモ類、海藻類、菌類などに由来するものがあります。アガリクス茸がガンに効果があるといわれて人気ですが、これは成分中のβグルカンの作用によるものと考えられています。

「徐福伝説」には、黒酵母菌によって生成されたβグルカンが含まれています。これは、キノコ由来のものなどよりβグルカンが豊富で、そのうえ水溶性なので吸収効率が高いといわれています。

・自身の体験から組み合わせた二つの成分

「徐福伝説」の発売元であるアウレオ会長の守屋直幸さんは、以前から私の本物論の信奉者でした。私の「これからは病気のない時代がくる」という考えに感銘を受けたとのことです。

「徐福伝説」の開発にあたっては、こんなエピソードがありました。

十四、五年前、守屋夫人が全身性エリテマトーデスという膠原《こうげん》病の一種に冒されました。これは、発熱、全身の倦怠感とともに、関節、皮膚、内臓といったさまざまな箇所の発疹が、一度に、あるいは次々に起こる病気です。免疫性の疾患ですが、いまのところ原因不明の難病とされています。

そんなとき守屋さんは、食品の応用研究では第一人者で「食品業界のエジソン」とも呼ばれる金沢のある食品メーカーの社長と会う機会がありました。そして、その社長が開発中だったSODを含む健康食品をもらったのです。それを夫人に飲ませたら、すっかり回復したといいます。

さらに四年前、守屋さんのお兄さんが腎臓ガンに冒されました。開腹はしてみたものの、骨髄にまで転移していたので、結局、手術せずに閉じました。余命三カ月と宣告されたそうです。

たまたま守屋さんが主宰するインターネットのショッピングモールに、キノコの十倍という黒酵母由来のβグルカンの出品依頼があったので、それをお兄さんに飲ませてみることにしました。

お兄さんは、ちょうど抗ガン剤投与や放射線照射など、副作用のきつい治療がはじまったところでしたが、食欲不振や脱毛、白血球減少といった症状がいっさい出なかったというのです。その後、骨髄の腫瘍はなくなり、外科手術も成功を収め、いまではすっかり元気になっています。

守屋さんは、ごく身近で体験したこの二つの出来事から、私のいっている「これからは病気のない時代がくる」という考えが実現できるのではないかと思いついたといいます。

そして、黒酵母βグルカン八十パーセント、SOD二十パーセントという配合で誕生したのが「徐福伝説」なのです。

■株式会社アウレオ■
〒108−0071　東京都港区白金台2−7−7
TEL　03−5421−3364　FAX　03−5421−2616

●カリカセラピPS501●
〈万病に効果のある〝メディカル・フルーツ〟〉

健康食品や薬をほとんど口にしない私が、毎日、就寝前に欠かさず服用している健康食品が「カリカセラピPS501」です。とてもおいしいものです。水も不要で、口中であっという間に自然に吸収されます。

パパイアは、コロンブスが南米で発見し、祖国に持ち帰ったことによって世界中に広まったと伝えられています。

南米にコロンブスの一行が滞在していたとき、一人の隊員が胃けいれんで倒れたのですが、原住民が差し出したパパイアを食べたところ、たちまち治りました。コロンブスは、

「魔法の木の実」としてパパイアをヨーロッパに持ち帰り、以後パパイアは「メディカル・フルーツ」とも呼ばれるようになったのです。

そのパパイアを日本の発酵技術で製品化したパパイア発酵食品は、いまもっとも注目を集めている健康食品のひとつです。なかでも、福岡の済度という会社の「カリカセラピPS501」は、口コミだけで一〇〇万人もの人たちが愛用している超人気商品です。愛用者は、毎日、増え続けています。

日本では「食品」という扱いのため臨床実験も義務づけられておらず、作用機序などもはっきりしない健康食品が多い中で、「カリカセラピPS501」は国内外の数々の医学会でその効果が報告されています。おいしいし簡単に服用できるので、私もとても気に入っています。

済度には、「カリカセラピPS501」が実に多様な症状に効果を表したという、感謝の体験談が数多く寄せられています。膠原病、リウマチ、ムチ打ちの後遺症、便秘、足の匂い、アトピー、C型肝炎、膝の痛み、アレルギー、痴呆、更年期障害、ガン、パニック障害、糖尿病などなど、あらゆる症状に効果があったといっていいくらいです。このように、何にでも効果があって副作用のないものこそ本物だと、私は考えています。

「カリカセラピPS501」の原料は、フィリピンのある島の農場でとれるカリカパパイアです。完全に熟す前の果実からとった果汁に、酵母や酵素、さらには乳酸菌を加え、発酵、熟成、自然乾燥させてつくられます。熟成には丸一年かけて、ていねいにつくられています。

済度の社長を務める今尾充子さんと「カリカセラピPS501」の出合いは、十七年前にさかのぼります。今尾社長は、当時、病弱で、またお母さんは自分で服のボタンもかけられないほどの重度のリウマチで苦しんでいたそうです。

そんな今尾さんが、パパイア発酵食品に出合い、自分自身とお母さんの健康を取り戻したことをきっかけに、済度の経営に携わるようになりました。そして、会長である花山一芳さんとともに、北は北海道、南は西表島、沖永良部島にまで、普及のために足を運んだそうです。

「カリカセラピPS501」は、そこまでほれ込むことのできる製品だということでしょう。

・次々に証明されるさまざまな効果

先に紹介したように、「カリカセラピPS501」がこれほど多くの症状に効果があるのは、免疫力を高めてくれるためではないかと考えられています。そして、免疫力には、脳とＤＮＡが大きく関与しているらしいことが分かってきました。私はカリカセラピＰＳ５０１が、体の正常化に卓効を示すのは、パパイアの生産地が、シアノバクテリアが活性化している土地のようだ……というのも、一つの重要ポイントだと思っています。

森昭胤岡山大学名誉教授の指導のもと、山形県テクノポリス財団生物ラジカル研究所、名城大学薬学部、済度が共同で学術的な研究を行い、数々の学会で成果などが発表されてきました。

ここで、作用機序が明らかになっている効果について紹介しましょう。

まず、整腸効果です。

「カリカセラピＰＳ５０１」には、九種類の必須アミノ酸、十一種類の非必須アミの酸のほとんどが含まれています。胃酸の影響を受けにくいため小腸や大腸までスムーズに到達し、腸内細菌に利用され、その結果、腸内ビフィズス菌を増加させることになります。これが、整腸効果につながります。

次に、動脈硬化の予防効果です。

動脈硬化というのは、血管壁にドロドロした物質がこびりつき、血液の流れが悪くなると同時に、血管が硬くなる状態のことをいいます。このドロドロは、酸化によって悪玉と化したＬＤＬコレステロールを取り込んだマクロファージの死骸です。

ですから、動脈硬化を予防するためには、ＬＤＬコレステロールの酸化を防がなければなりません。「カリカセラピＰＳ５０１」には強力な抗酸化作用があって、ＬＤＬコレステロールの酸化を妨げ、動脈硬化を予防するのです。

この抗酸化作用は、脳に対してもいい影響を与えます。いま、済度の研究チームは、うつ病や痴呆、アルツハイマー、慢性ストレスとの関係を研究中です。

また、「カリカセラピＰＳ５０１」は、非常に強力な活性酸素除去作用をもつことが分かっています。この研究成果は、一九九八年に専門誌（『Biochemistry and Molecular BIology International』）に掲載され、一九九九年一月にインドで行われたフリーラジカル世界学会でも発表されました。

さらに、「カリカセラピＰＳ５０１」に含まれる有効成分が脳関門を容易に通過し、脳内のＤＮＡ損傷による脳組織障害を防いでいることも分かってきました。

そして、アポトーシスとの関係も注目されています。

アポトーシスとは、細胞にあらかじめプログラムされている死という意味で、ネクローシス（細胞壊死）という言葉と対照的な意味で使われます。そして、このアポトーシスが、老化をはじめ、ガン、自己免疫疾患、エイズ、アルツハイマー病など、さまざまな疾患の発症に関与していることが分かったのです。

二〇〇一年六月に北京で行われた国際医学会では、「カリカセラピPS５０１」を投与することにより、神経細胞のアポトーシスが減ったという研究発表が行われ、大きな反響を呼びました。現在では、アポトーシスを司る遺伝子も特定されていますから、その遺伝子の働きを高める物質があれば、新たな抗ガン剤としての期待も出てきます。これについても、「カリカセラピPS５０１」の今後の研究が期待されています。

■株式会社済度■
〒８１０－００２１　福岡県福岡市中央区今泉１－10－21　天神マックビル６Ｆ
ＴＥＬ　０９２－７７１－６６６１　ＦＡＸ　０９２－７７１－６６７１
http://www2.odn.ne.jp/saido

●マザータッチ・ドクトール●
〈グラビトニクス理論を応用した長寿飲料〉

私のもとには、毎日のように本物情報が飛び込んできます。多いときには、一日に数件の情報が入ってきますが、それらを「単純かつ万能」「蘇生力がある」「害がない」「経済的」といったフィルターにかけ、私なりにチェックしています。

しかし、「これは本物だ」と思えるものに出合うのは、一カ月に一、二件といったところです。原光化学工業の原田光博社長が開発した「マザータッチ」は、これらの条件をクリアした本物の一つです。

「マザータッチ」は、先に紹介した「グラビトニクス理論」を応用してつくられました。もともと抗酸化健康飲料として開発されたものですが、いまは洗剤として販売されています。素晴らしい洗浄作用があり、河川も浄化するということで、洗剤として売り出されることになったのです。「マザータッチ」から派生した、しわ取りに素晴らしい効果がある基礎化粧品「マザータッチ・ラブペイラ」にも、いま注目しています。

さらに原田さんはいま、抗酸化飲料「マザータッチ・ドクトール」の開発に取り組んでいます。「マザータッチ・ドクトール」はまだ発売されていませんが、成分などはマザータッチをさらに改良したものになるとのことです。

私は、「マザータッチ」を飲んでみました。「洗剤を飲むのか」と驚く読者がいるかもしれませんが、先ほども述べたようにマザータッチはそもそも飲料として開発された、高濃度のミネラル水とでもいったようなものなのです。

「マザータッチ」は、石鹸や合成洗剤、防腐剤、酸化防止剤などの化学合成品をいっさい含んでいません。原液を二〇〇〇倍ほどに薄めると、加水分解してマイナスイオン水になり、優れた抗酸化健康飲料水として機能するのです。

とくに重金属を中和する働きが高く、有用微生物を活性化するなど、環境浄化にも効果があります。このように万能であることは、私のいう本物の重要な条件です。

私は原田さんに、「マザータッチ」を飲むためのレシピをアドバイスしました。その後、このレシピで実際に飲んでみて、効果が得られたという数多くの声が寄せられているとのことです。

さらに、食物を洗う（残留農薬を分解する）、キッチンの汚れを落とす、スキンケアに使う、また入浴剤、歯磨き粉、植物の栄養剤として使う、コンタクトレンズを洗浄するなど、愛用者はさまざまな使い方をしているそうです。

・寿命一二〇年を目指して開発されるドクトール

「長寿食の料理の鉄人」を自任する原田さんは、多数の生命研究者のデータを基に、人間の寿命を一二〇年と考えています。現在の平均寿命と比較すると、まだまだ生きられるはずだというのです。

原田さんは、グラビトニクス理論を応用して、細胞の寿命を最大限に引き出すための、いわば長寿食をつくろうと思い立ちました。

グラビトニクス理論とは、すべての物質はグラビトン（重力波）の影響を受けているという考えのものです。それではなぜ、グラビトンは体にいい影響を与えるというのでしょうか。

それは、グラビトンがマイナスイオンを放出し、すぐれた抗酸化作用を発揮するためのようです。人間の老化にはさまざまな要因が関与していますが、酸化は大きな要因の一つです。つまり、酸化をくいとめることができれば、人間の老化をある程度は遅らせることができるということになります。

原田さんは、生命エネルギーが、ミネラル由来のグラビトン・エネルギーだという仮説を立てました。そして、どうしたらグラビトン・エネルギーを細胞に注入できるかを考えたのです。

そして、グラビトンの根源ともいえるミネラルと有機物の結合物質が細胞を活性化すると考え、二〇〇種類を超えるグラビトン重合物を混合して、「マザータッチ」をつくり上げたのです。これが、私を惹きつけたのです。包み込みこそ本物化のノウハウだからです。

グラビトン・エネルギーが詰まった「マザータッチ」を体内に取り入れることで、私たちの細胞一つひとつにグラビトン・エネルギーを注入しようという考えです。

「マザータッチ」には、ミネラル（トルマリン、備長炭、貝殻など）、ハーブ液（天然青森ヒバのエキス）、ＥＭ発酵物質などが含まれています。そして、この「マザータッチ」を飲用した多くの人々から寄せられる声を受けて、あらためて飲むための「マザータッチ」の開発に取り組むことにしたというのです。

現在開発中の「マザータッチ・ドクトール」には、二五〇種類のグラビトン重合物が入り、さらに核酸様物質も添加され、さらにパワーアップする模様です。それらを、どのように調和させるかがポイントですが、成功することでしょう。「マザータッチ・ドクトール」の完成までには、まだ少し時間がかかるということですが、楽しみに待ちたいと思っています。

■原光化学工業株式会社■

〒５９９－８２７２　大阪府堺市深井中町１１８７－１

ＴＥＬ　０７２－２７７－４３１１　ＦＡＸ　０７２－２７７－０４８２

［第六章］

私の仮説「波動」の原理

〜これで世の中のすべての現象が説明できる〜

(Ⅰ)世の中のことは全部、波動で解明できる

波動との出合い

二十年くらい前のことです。

私は、アントニオ猪木さんからフーチと政木和三先生のことを聞きました。結果的にはそれがきっかけで、波動という考え方にのめり込むことになりました。

「岡山の林原に政木先生という素晴らしい方がいらっしゃいます。フーチで、どんなことでも分かるんですよ」

そういって、猪木さんは政木さんからもらったというフーチの振り子を見せてくれました。三十センチくらいの金の鎖に、棒磁石が入ったベークライトの円筒がついている振り子です。

政木さんというのは、当時岡山の林原生物化学研究所にいた政木和三さんのことです。

政木さんは、大阪大学で航空工学、造船工学、精密工学などの研究に取り組み、工学部工作センター長を務め、その後、林原生物化学研究所に移って研究を続けていました。低

周波治療器、自動ドア、電気炊飯器をはじめ三〇〇〇以上の発明をしたことで名前が知られています。特許も一〇〇〇以上もっているといわれていて、八十歳代半ばになられたいまでも一年に何件も特許をとっているといわれています。

猪木さんがフーチの話をしてくれたのは、一九八二年か一九八三年のことだったと思います。その後、フーチのことは忘れていましたが、一九八五年に林原を訪ねる機会があり、このときたまたま在社中だった政木さんに初めて会いました。当時私は五十二歳でした。

政木さんは、会った途端に、「船井さん、あなたの人間性を測らせてもらっていいですか」と言うのです。「いいですよ」と言うと、かつて猪木さんに見せてもらったものと同じような振り子と測定板を取り出し、測定板の上へ振り子をたらしました。

振り子は、くるくる回っています。五分くらいたったところで、政木さんは、「いろいろ分かりました」といって、私に関して次のような人間だといいました。

①八十五歳以上まで長生きする
②頭が非常によくてＩＱが一八〇以上ある
③健康体だが、腎臓が少し悪い。しかしこれは気にするほどではない
④これまで能力の五十パーセントくらいしか使っていなかったが、これからは六十〜六十五パーセントくらいの能力を発揮できる。七〇才以降は八〇％くらい発揮できる。

⑤龍神がついていて超能力がある。中庸をいく性格だが、少し自我が強い

初対面で私のことなど知らないはずなのに、このようなことをいうのでびっくりしていると、「これは政木フーチ・パターンによる測定です。絶対に正しいという自信があります」といって『精神文明と奇跡』（一九八二年、日新社刊）という著書をプレゼントしてくれました。

この本はとても面白くて、私はその日のうちに読んでしまいました。フーチについても書いてありましたが、空中から仏像やマリア像、大黒天像などが出現したこと、空の容器からお酒が湧き出した話なども書かれていました。とても常識では、信じることができるような話ではありません。

ところが、私の知人で林原の社長の林原健さんが、「この本の中で政木さんの書いていることはすべて真実です」と推薦されていました。林原さんは、すばらしい経営者で、いいかげんなことをいう人ではありません。政木さんの書かれていることを信じることにしました。

時間、空間を超越する波動を探知

そうすると、俄然、フーチを覚えてみたくなりました。

私は勉強するとなると一所懸命になって集中する性格ですから、仕事とテレビのニュースを見る時間以外は、二年くらいはすべてフーチの研究に費やしました。

当時私の親友に新井昭広という近畿大学で社会学を教えていた教授がいて、彼がたまたまフーチのことを詳しく知っていました。欧米の文献をたくさん取り寄せてくれましたが、原語で書かれていますから、難しいのです。彼に解説してもらいました。

彼は、「俺はまだ学者をしているから、こんなことを信じているなんて人にいうなよ」といって、フーチについて知っていることを話してくれたのです。

フーチというのは中国語で「神の占い」という意味です。

ヨーロッパでは、前世紀の初めにフランス人の僧侶、ラベ・ブーリー師がラテン語とギリシャ語を合成してラジエスセシア（RADIESTHESIA）と呼ぶようになり、波動探知術として、実際の生活に応用されているということでした。

日本でも、古くからフーチは知られていたそうです。江戸時代末期から明治にかけて言《こと》霊《だま》の研究で知られた大石凝翁という国学者をはじめ現代まで、数多くの人たちが熱心に研究を続けてきたことも分かりました。

研究に没頭するようになってから半年ほどで、何とかフーチの振り子を使いこなせるようになりました。まじめに数千人にも上る人たちの人間性の測定をしました。いろいろ検証しました。こうして、私は二年くらいで完全にフーチを使いこなせるようになったのです。

そのころになると、理論的にも波動測定法について納得できるようになり、振り子を使わなくても人間性などをはじめとする人の属性が手にとるように分かるようになりました。直感力が強くなって、振り子を使わなくても、瞬間的に他人の人間性が分かるようになったのです。

さらに、人間性を改善するコツも分かるようになりました。最終的に、約二年の間、仕事が忙しい中で毎日二、三時間、フーチの研究に没頭して、フーチを完全に身につけました。これは経営コンサルタントという立場上、非常に役にたちました。

ここで、フーチに対する私の理解がどのようなものであるか、説明しておくことにしましょう。これについては、拙著『船井幸雄の人間の研究』（一九九〇年、ＰＨＰ研究所刊）にかなり詳しく書いたので、その中から転載します。

「万物には波動の放射があります。またその波動を構成している情報とエネルギーは不滅で、時間、空間を超越できます。したがって、それらは探知できるはずです。

（中略）人間の本質は超意識（Super Consciousness）レベルの存在で、それは、どんなことも知りうる存在です。したがって万物のことを探知できます。

ラジエスセシア（RADIESTHESIA）は放射探知術と訳したらよいと思います。RADIUS（放射）とAISTHESIS（感受性）の合成語ですがいいえて妙だといえましょう。

超意識は、人間の場合、目にみえる反応として人間の筋肉にもっともよく作用します。筋肉中、もっとも敏感なところは、きき腕の指です。したがって、きき腕の指でつまんだ振り子が波動の状態を拡大して教えてくれるのだ……と私は理解しています」

フーチに関しては、その後、新井さんの訳でゲオルク・キルヒナー著『振り子と占い棒の謎を解く――放射感知術ハンドブック』（一九九〇年、ビジネス社刊）が出版されました。興味のある読者は参考にしていただいたらいいと思います。

このようにしてフーチに関してはかなり詳しくなりましたが、他人の人間性を垣間見るのはむなしいものです。私はいまは、フーチの振り子を使うようなことはありません。政木先生も、いまはフーチは使われなくなったようです。

波動は量子力学上の最小単位

政木先生との出会いから四年ほどたったころ、『水は答えを知っている』（二〇〇一年、サンマーク出版刊）の著者で、水の研究で知られるアイ・エイチ・エム社長の江本勝さんが、アメリカからＭＲＡ（Magnetic Reesonance Analayzer／共鳴磁場分析器）という器械をもってきました。

これは、ロナルド・ウェインストックというユダヤ系のアメリカ人が開発した小さな器械です。さまざまな物質や現象にコードナンバーが割り振られていて、測定したい物資や現象のコードナンバーを入力すると、それらの波動が分かるようになっています。

しかもこの器械は、波動を転写することもできます。たとえば、愛用したい眼鏡などに自分の波動を転写すると、馴染みがよくなるのです。

当時、この器械は一〇〇〇万円とも一四〇〇万円ともいわれていました。

トータルヘルスデザイン社長の近藤洋一さんに誘われて、五反田の江本さんの事務所を訪ねて、この器械を初めて見ました。体のあちこちをＭＲＡで測ってもらったのですが、悪いところやいいところがみなピタリと当たります。面白い器械があるなぁと思ったのが、最初の印象でした。

そのうち、ウェインストックさんを江本さんが日本に招待して、私も会って話を聞くことになりました。いろいろ聞いているうちに、ウェインストックさんは、世の中のすべてのものは波動だから、波動ですべてのものが説明できるはずだといいました。

たとえば、胃が悪いとか、腸はどうだとか、人の感覚にも全部コードナンバーが割り振られていて、一万ぐらいコードナンバーがあります。番号を打ち込むと、波動のレベルが全部数字で出てきます。

とても面白い器械ですが、私はフーチで波動について詳しくなっていたので、ＭＲＡのさまざまなコードナンバーは、ウェインストックさんは天才のようですから、神の声のようなものが聞こえてきてつくったに違いないと判断したのです。そうでもなければ、あんなに多くのコードナンバーの割り当てなどできるわけがありません。そう思って、一応理解し、納得ました。

そのときから私は、世の中のことはすべて波動でとらえられるのではないかと考えはじめました。

量子力学で物質の最小単位まで追っていくと、すべての物質は、粒子であり波動であるところまで行き着きます。これは、すべての物質が波動を出しているということです。したがって、波動ですべて説明できるはずです。

具合のいいところ、悪いところが判明

そんなことをしているうちに、波動は全部キャッチできて、波動で診断もできることがはっきり分かってきました。

そこで、波動の性質というのは、いったい何だろうか、ということになりました。

ＭＲＡでは、波動のレベルの最高がプラス21で、最低がマイナス21になっています。真ん中はゼロです。

私の友人で、スジャータなどで知られる「めいらく」のオーナーの名古屋製酪会長日比孝吉さんがこれに興味をもち、年間十億円以上もの予算を計上して、波動医科学総合研究所を設立しました。ＭＲＡなどの波動測定器を何台も揃え、波動が測定できる人を何十人か育成して、さまざまなものの波動研究に取り組んでいます。

その中で、この人なら間違いないという水野渉さんという人が、一九九八年三月から一カ月に一回、私の体調などの波動を測りに来ています（図表⑩）。波動測定の数値はオペレーターによって変わることがあるので、一人に決めておかないと、データの連続性がな

図表⑩　波動測定による計測表

測定日	初回 H10.3.2	H14.11.27	H15.2.6	H15.3.3	H15.4.4	H15.5.19	H15.6.19
総合	+11	+12	+12	+12	+11	+12	+12
腎臓	+7	+6	+7	+6	+6	+7	+7
膵臓	+7	+5	+6	+6	+5	+6	+5
腸	+6	+5	+6	+6	+5	+5	+4
心臓	+5	+7	+7	+7	+6	+6	+7
肺	+5	+5	+5	+6	+4	+5	+5
肝臓	+4	+4	+4	+4	+4	+4	+5
胃	+5	+4	+5	+5	+4	+5	+4
免疫機能	+15	+11	+12	+12	+11	+12	+12
血液循環	+3	+6	+6	+5	+3	+4	+4
血液	+6	+4	+4	+5	+4	+5	+5
心筋	+3	+5	+5	+5	+4	+4	+5
血管	+2	+4	+5	+5	+4	+4	+4
毛細血管	+2	+4	+4	+4	+3	+3	+4
気管支	+3	+3	+4	+4	+2	+3	+3
大腸	+7	+5	+5	+5	+4	+5	+4
直腸	+5	+5	+6	+5	+4	+4	+4
十二指腸	+3	+3	+4	+4	+3	+4	+4
胆嚢	+2	+3	+3	+4	+2	+3	+2
咽頭	+4	+3	+4	+4	+3	+4	+3
喉頭	+3	+0	+1	+1	+0	+1	+1
前立腺	+2	+1	+1	+1	+1	+1	+2
膀胱	+5	+4	+4	+4	+3	+4	+4
癌・腫瘍体質		+6	+6	+5	+5	+5	+6
ストレス		+13	+13	+13	+11	+12	+12
歯痛		+15	+15	+15	+14	+15	+14
痛風		+5	+5	+5	+4	+4	+4
鼻		+3	+2	+3	+3	+3	+3
眼神経		+5	+6	+6	+5	+6	+5
耳器官		+5	+5	+5	+4	+5	+5
老眼		+4	+5	+5	+4	+4	+5
脳全体		+14	+14	+14	+13	+14	+14
右半球		+15	+15	+14	+14	+14	+13
左半球		+11	+9	+9	+9	+9	+10
第３脳室		+12	+14	+16	+15	+16	+16
脊柱		+5	+6	+6	+6	+7	+7

くなってしまうからです。

腎臓、膵臓、腸などの臓器をはじめ、全身の測定をしてもらっていますが、体の具合の良いところや悪いところがぴたりと分かります。

これはMRAで測ったデータですからプラスマイナス21まであるはずですが、水野さんの測定する人の体のデータは、大体マイナス10からプラス15くらいまでの数値で表されます。プラスマイナス・ゼロが九十歳代の平均で、1が八十歳代、2が七十五〜八十歳、3は七十〜七十五歳、4は六十五〜七十歳、5は六十〜六十五歳の平均値というように数値が多くなっていくほど、健康で若い状態だと考えてよいようです。10以上だったら、もう完璧と考えてもいいようです。

私は、脳や歯や免疫の状態が非常によくて若々しいということです。歯は村津和正さんに治してもらいましたから完璧です。

ただ、喉と前立腺の状態がよくありません。前立腺の数値が2以上なければセックスレスになってしまうそうです。また、痛風の症状が出ていた二〇〇〇年十二月十九日の計測では、「痛風」の数字がマイナス3でしたが、いまはプラス4になっています。

MRAやLFT（MRAの日本版。私の親友の故中根滋工学博士がつくったもの）があれば、いい水かどうかということもすぐ分かるし、薬なども自分の体と相性のいいものかどうか、すぐ調べることができます。

　このように、ＭＲＡやＬＦＴなどの波動測定器は非常に便利な器械ですが、現在の科学では認められていません。それは、被験者の意識によって、また測定者によって数値が変わるからです。私のような意識力の強い人間は、測定してもらう時は、いつも「無」になっているのです。本来、意識というのは、最高の波動を出し、物質や事象にも影響を与えるものですから、近代科学とは本質的に相入れないようです。

(Ⅱ)認めざるを得ないさまざまな「現象」

四つの性質

　ＬＦＴ（ライフ・フィールド・テスター）を開発した中根さんとともに、波動とはどのようなものなのか、私はさまざまな角度から数年間も調べました。

　また、一般の科学者から白眼視されながら波動の研究をしている学者が何人もいることが分かりました。その代表的な人が、もう亡くなってしまいましたが、猪股修二さんと関英男さんです。

猪股修二さんは、電気通信大学の教授から、通産省の電子技術総合研究所の主任研究官も務めました。彼は意識工学という新しい分野を切り拓き、世の中の森羅万象が全部説明できるという『複素電磁場理論』を世に問いました。非常に有名な理論です。

残念ですが、やっと彼の理論が認められはじめて、私が面白い理論だ、ということで紹介しはじめたところで、六十歳そこそこで亡くなってしまいました。

関英男さんも二〇〇一年十二月十六日に九十六歳で亡くなりました。彼は電気通信大学やアメリカの大学の教授を務め、グラビトン論や、重力波論を打ち立てた学者です。関さんは、感覚外知覚や念力などを研究し、日本サイ科学会を設立しました。

この二人は、どこが気に入らないのか、口をきかないくらい仲が悪かったのですが、両人とも波動を基本にした理論を組み立てていました。でも私は、二人からいろんなことを教わりました。

彼らの研究成果や私のその後の研究で、いまでは波動の主な性質は四つしかないことが分かっています。以下、私がまとめた波動の四つの性質について説明します。

① 同じものは引き合う

②　違うものは反発し合う

③　自分が出した波動は自分に返ってくる

波動は、フィードバックされます。思いも行動もすべて波動ですから、自分が思ったことや行動したことは、世の中に影響を与えてからも、自分に一番近い性質をもっていますから、自分に返ってくることになります。

悪いことをしたら悪いことが返ってくるし、いいことをしたらいいことが返ってくるのです。物をあげたらもらうことになるし、奪ったら返さなければなりません。「与えるものが受けとるもの」なのです。

④　劣位の波動はより優位の波動に変移する（優位の波動は劣位の波動をコントロールする）

波動には、優位の波動と劣位の波動があって、劣位の波動がより優位な波動に出合うと、優位な波動に変わります。というより、劣位の波動は優位の波動にコントロールされるのです。

たとえば水は、波動をもっともキャッチしやすい物質です。水についてはずいぶん研究しましたが、この研究については、多くの人が手助けしてくれました。

劣位の水に優位の波動をもった水を一滴入れたら、一瞬にして優位の波動の水になります。かき回す必要などはありません。そこに、さらにいい波動の水が入ると、さらに変わります。このようにして、水の波動は絶えず変わり続けています。

しかし、優位の水にいくら劣位の波動の水を入れても、劣位の波動になることはありません。優位な波動が、劣位な波動に変わることは決してないのです。

この四つの性質で、波動のすべてが理解できるのです。

雲を消し、車の燃費を向上させた

波動の性質について説明しましたが、波動というものが何なのか分かりにくいと思うので、そのなりたちについて話をしておきたいと思います。

宇宙がどうして誕生したかと考えますと、私はやはりサムシング・グレートのような存在を考えてしまいます。サムシング・グレートは、自分自身が楽しみたい、成長したいと思ったに違いありません。そこで、そのようなものをつくろうと思いました。サムシング・グレートがそのような仕組みをつくろうと思っただけで、その瞬間からそのようなものへと勝手にできはじめたのが宇宙だと思うのです。

なぜなら、サムシング・グレートの思いというのは、一番強く優位な波動であるはずだからです。一番優位な波動では宇宙までつくれるということです。

インドのサティア・サイババは、思ったものをすぐつくる、すなわち物質化することができるといわれています。空中からさまざまなものを取り出したという目撃談があります。私も意識の力が強いので、「思い」でいろんなことができます。雲くらいは消すことができます。人の意識も、波動なのです。

これについては、拙著『これからは人財の時代』（一九九九年、ビジネス社刊）の第二部で、宮西ナオ子さんというインタビュアーが、私の運転手を務めてくれていた丹野雅夫君の次のような証言を紹介しています。

「船井会長と一緒にもう十数年来、運転手としての仕事をしていますが、とにかく、フシギな現象に時々出会います。会長は雲を消す名人です。数年前の名月の夜のことです。熱海に行きました。その帰途です。夜空がとても曇っていて月が見えません。ところが、東京に着くまでずっと中秋の名月を見られるようにしてあげるよといって、車の中から会長が念を送ると、月のところだけは熱海から東京につくまでの二時間くらいずっと雲がない状態になりました」

これは、私の意識の波動が雲より強いので、物質である雲をコントロールできるということなのです。

また、車の燃費も意識によって変えることができます。これについて宮西さんは、船井総研の社長をしている小山政彦君（当時は副社長）の証言を紹介しています。

「会長と一緒の車に乗っていたときに、会長が意識を送ったとたんに、物理的にはガソリンに念を送り込んだのだと思うけど、ベンツのリッター当たり燃費四キロが十二キロまでいってしまったんです。瞬間、メーターが壊れたのではないかと思ったくらいです。その場で変わってしまったんです」

この車には、コンピュータで、リッター何キロで走っているか、その瞬間に表示できるメーターをつけていました。小山君は、メーターの針が八キロ、十キロ、十二キロとみるみる上がっていくのを見て、驚いて目をキョロキョロさせていました。

ある日、メーターは信じられないかもしれないということで、満タンにして雪の中を東京から長野まで往復しました。普通なら片道走れたら上出来という燃料の量なのですが、往復して戻ってきてまだ余っていました。運転していた丹野君はびっくりしたようです。

私は気の名人といわれますが、これは武道の研究をしているときに身につけました。気を使って相手を動けなくしたり、人を近寄らせたりすることができますが、本当はすべて意識ですから、「フッ」と思い、この人は動かないと意識したら動きません。こっちへくるようにと意識したら近寄ってきます。

こういうことができるのは、私の意識の波動の力が優位のもので強いためだと思います。

五時間放置した金魚が再生する理由

もっとも優位な波動というのは、サムシング・グレートというか創造主が世の中をつくるときに出した波動であるというのが、私の意見です。一般に「意識」は「物」より優位な波動のようです。

分かりやすくいうと、優位な波動ほどエゴがなくて、宇宙全体のことを考えています。よかれと思って出す波動ほど、より優位な波動といえそうです。ですから、エゴのある波動ほど劣位な波動で、より創造主の意識に近いほど、いい波動ということになります。

思いというのは、とても優位です。ですから、病気になると思ったら病気になるし、マイナス思考の人にはマイナスのことしか起こりません。非常に単純なことです。

このようにすべてが波動なのですから、すべてのことが波動で分かるということになります。そして波動には、先に説明したように、四つの性質しかありません。これで、すべてを説明することができます。

第三章で紹介した図を思い出してください。死んであの世に行くと、そこは四次元の世界ですから、時空がありません。思ったところに飛んでいけますし、時間も自由に行き来できますから、過去にも戻ることができます。さらに五次元まで行ったら、そこは極楽界ですから、思ったことがすぐ実現します。

しかし、この世は監獄みたいなものですから、四次元の世界や五次元の世界のようにはなりません。そういうことがなかなかできにくいのが、われわれがいまいる三次元の世界なのです。

思ったことがなかなか実現しない世界ですが、それでも思い続ければ実現します。「マーフィーの法則」で知られるジョセフ・マーフィーや『AS A MAN Thinketh』という聖書に次ぐといわれるベストセラー（日本では、『考えるヒント　生きるヒント』として一九九七年十月、ごま書房刊）を書いたジェームズ・アレンなども、思うことは実現するといっています。

ところで、私のように強い波動をもっている人もたまにいます。

神坂新太郎さんは「銀河運動装置」でつくった水で金魚を再生させましたが、その話を私があちこちで紹介したら、五時間放りっぱなしにしていた金魚が、それぞれ自分がいいと思っている水で再生したという人がたくさん出てきました。

これは、「自分の水は絶対にいい」と思う意識が、金魚を再生させたと考えていいでしょう。金魚を再生させたと神坂さんが言っている、船井さんもそれを認めているというのなら、自分の水でできないはずがない……。この意識が金魚を再生させたようです。「そんなことができるはずがない」と否定する人はまず再生はできないでしょう。

こういったことは、すべて波動の原理で説明できるのです。

本物研究会と直感力研究会

私は本物研究会と直感力研究会を主宰して、長年にわたって本物と直感力について研究してきました。この研究を通して、本物も直感力も、波動と関係することが分かってきています。

まず、本物研究会の研究成果について、ご紹介します。

先に述べたように、より創造主に近い意識ほどいい波動で、エゴが入っている波動は劣位の波動ということになります。すなわち、いい波動を出しているものが本物ということになります。

ニューヨーク心臓病研究所の大村恵昭所長が開発した指の輪を使ったO－リングテストにより、薬や食べ物などが自分に合っているか、簡単に調べることができます。自分よりいい波動のものは自分をよくしてくれますから、いい波動のものに触れると、体が柔らかくなり、触れる手と反対側の手の親指と他の指でつくった指の輪の力が強くなります。しかし、悪い波動のものに触れると、体が硬くなって、指の輪の力が弱くなってしまいます。

これまでさまざまな実験をしてきましたが、すべての人のＯ－リングがそれに触れることで強くなるものが本物だと私は思っています。

このように、本物は波動で説明できるのです。

次は、直感力研究会の研究成果です。

直感力というのは、分からないはずの未来でも過去でも、その他何でも正しく瞬時に分かる能力のことです。二〇年間ほど直感力の研究をしてきて分かったことは、第三章で紹介した「原因の世界」まで自分の意識をとばすと、何でも分かるということです。これは、超意識が顕在意識と密着した状態ともいえます。

そのためにはどうするかというと、何も考えないで「無」になればいいのです。エゴをなくして、意識を「無」にすると、どんなことも分かるようになるようです。すなわちこれは、脳波をθ波まで下げればよいということです。θ波というのは、超意識と連動する脳波です。

先に紹介した政木さんは、あれだけたくさんの発明をするのに、何一つ苦労したことはないといっています。政木さんは、脳波がθ波のときに発明がひらめいたといっているのです。

脳波は、β波よりα波、α波よりθ波、θ波よりδ波のほうが、波動が細かく、質が高い優位な波動なのです。完全に「無」になったら脳波はδ波まで下がりますが、座禅や瞑想をすることによってθ波まで下げることができます。

先にシューマン振動波のところで述べたように超意識のレベル、八ヘルツより脳波が低くなれば、分からないことがポンと分かるようになって、直感力が身につきます。

七田チャイルドアカデミー校長の七田眞さんの右脳開発でも、七・八ヘルツの脳波まで下げたところで右脳が動き出すといっています。

このように、本物も直感力も、波動で説明できます。森羅万象、どんなことも波動で説明できないことはないと私はいま思っています。

スプーン曲げで有名な清田益章さんは私の友人ですが、彼がスプーンをもって目の前でポキンと折れるのも、「折れること」を意識するからできるのです。

私自身は非常に合理的な人間ですから、自分で雲消しなどができていなかったら、こういう現象はすべて否定していたに違いありません。私がこのようなことを考えるようになったのは、すべて自分で確認して納得できるからなのです。

（Ⅲ）一レベル上の星になるチャンス

自分に取り入れる方法

ここで、いい波動を自分の中に取り入れる方法について、話しておくことにしましょう。

まず、最初に、自分にいい波動が入ったと、信じなければなりません。

信じられない人には、いい波動はまず入ってこないものです。疑っていますと、入ってこないのです。なぜなら、先に紹介した波動の法則の②にあったように、「違うものは反発し合う」からです。

そして、いい波動を自分の中に取り入れるためには、本物の人や物と付き合うのが一番いいのです。

波動の法則の④にあったように、「劣位の波動はより優位の波動に変移する」のですから、いい波動の人や物のそばにいることによって、自分自身の波動を高めていくことができます。

ですから、いい波動をもった人、ツキのある人と付き合うようにして、さらに「本物技術」や本物商品を使っていますと、よりいい波動が入ってくることになります。優位な波動が自分を変えてくれるのです。

しかし、ここでひとつ重要なポイントがあります。黙って待っていても、いい波動の人やものとは出合えないということです。

波動は共鳴しますから、波動の法則の①にあったように、「同じものは引き合う」ことになります。悪い波動をもっている人の周りには、悪い波動をもった人や物しか集まってこないといえます。また、いい波動をもった人の周りには、いい波動の人や物が集まってきます。

これは、いうならば意識的に、いい波動をもった人、いい波動の物を求めていかなければ、自分の波動は高めることができないということなのです。

「命がけのいい波動」が思いを実現させる

京都大学アメリカンフットボール部は、七、八年前までは高校でアメリカンフットボールの経験のない学生を部員にして何回も日本一になりました。しかし、このところさっぱり名前を聞くことがなくなったと思っていたら、最近は関西の大学リーグで二、三位なのです。

『Ｆ＊Ａｃｅ』という船井メディアが発行している月刊誌の二〇〇三年三月号で、監督の水野弥一さんと対談する機会があって、なぜだと聞いたら、水野さんは次のようにいっていました。

「人間というのは、その気になれば勝てるものなのに、このごろの子はその気にならない。そのようになった原因は、いまの入学試験です。どうしてその答えになるのか、それをどう応用するかは関係ないのです。答えを出したら終わりという試験なので、これに慣れた人たちは駄目なんですよ。そういうことを中学受験のときから延々とやっているので、自分で価値判断ができないのです」

京都大学に入ってくる学生は、結局、試験でいい成績をとった人たちです。いまや、私立高校出身か塾通いをした学生しか入ってこないというのです。水野さんは、多くの若い人が右脳を使わないことと、彼らに対して心の教育がなされていないことを指摘していました。

いま二十八歳以上の人たちが京大のアメフト部員だったころ、彼らは、水野さんに教わり、試合では必ず勝てるということを信じたそうです。だから勝てたというのです。しかし、その年代から下の人たちは、勝てると信じることができなくなっているというのです。

これでは、勝てるはずがないといっていました。

いま二十八歳の人たちというと、一九七五年生まれということになります。ちょうど終戦から三十年たって生まれた人たちです。親の世代も戦後生まれですから、戦後のアメリカ式の教育が、いまの若い人たちを変えてしまったとも考えられます。

『採用の超プロが教える　できる人　できない人』（二〇〇三年二月、サンマーク出版刊）という本がベストセラーになっていますが、その著者、ワイキューブ社長の安田佳生さんも同じようなことをいっています。

安田さん自身、一九六五年生まれで、とても若い経営者ですが、彼より十歳ほど年下のあたりから、若者が変わってしまったというのです。

いまの若者たちは、自分の可能性に挑戦するようなことは決してしない。だから、採用してから、驚くような成長を見せることがない。このように安田さんは、いまの若者たちを見ています。

私は、働いている人間には、四種類の人間がいると考えています。

①サラリーマン的な人間
②天職発想する人間
③人財になる人間

④命がけの人間

これを仕事の能力という観点から見ると、次のようになります。

まず、天才的な能力、すなわち神のレベルの能力は、生命をかけないと出てきません。

次は、人から嫌われないこと、慕われて応援してもらう能力です。これは人財になると、できるようになります。人財については、拙著『船井幸雄の「人財塾」』（二〇〇三年一月、サンマーク出版刊）を参考にしてください。

その次が、プロとしての能力です。これは天職発想するか、命がけにならなければ身につきません。

そして次が、運を引き寄せる能力です。これは、天職発想するか、人財になるか、命がけになれば、舞い込んできます。サラリーマン的な発想をしていては、決して運は引き寄せることができません。

そして最後が、思ったことを実現する能力です。天才が命がけでやれば、すぐに実現します。人財というのはまたちょっと別ですが、天職発想している人は多少、実現しやすいといえるでしょう。普通のサラリーマンは、なかなか思いを実現することができません。

したがって、できるだけサラリーマン的発想はやめるようにといいたいのです。サラリーマン的な考え方をしていては、人間の根元的な能力は発揮できないからです。

そしてこれは、意識の問題でもあります。サラリーマン的な考え方をしているかぎり、いい波動は出てこないといってもいいでしょう。

そういう人たちをびっくりさせ、発想を変えさせようと思ったら、超能力を見せてびっくりさせるしかないようです。清田益章君のスプーン折り（彼は、スプーンの端を持ち、意識だけでスプーンを見事に折ってしまいます）を、目の前で十回くらいみれば、いくら頭の固い人も意識力を信じるようになります。これからの日本を支える中核となるのは、若い人たちです。彼らが天職発想をし、人財になり、命がけにならなければ、日本は駄目になっていく一方です。われわれがアドバイスし、彼らとともに何とかしなければならないでしょう。

「天の理」の時代への橋渡しをしたい

いまのこの世はエゴを中心に組み立てられています。そして自分とともに、自分の肉体が一番大事とみんな思っています。すなわち死んではいけないというのは、この世の考え方です。しかし詳述してきたように、この世というのは一見すると、エゴのかたまりたちの監獄のようなところなのです。

その中で、人はカルマを解消していかなければなりません。一所懸命生きている間に、エゴにとらわれるむなしさを知り、カルマを解消していくのです。そういう意味で、何度も述べたように、この世は、監獄兼学校なのです。

たとえば、女性に数々の苦労をさせた男性は次に生まれるときには、女性になって男性に苦労させられる人生を選択してくることになります。同じような苦労を経験すると、カルマは解消されるからです。

前世で悪いこと（良心に恥じること）をしてカルマがあれば、この世に生まれ変わってくるようですから、この世は監獄というより、地獄のようなところかもしれません。

人は肉体をもって生まれてきて、自分だけがよければいいと思って、一所懸命、エゴを満たすために生きます。しかし、そのうちに過去のさまざまなことが分かるようになり、初めて真理というものが理解できるようになって、この世が監獄であり、教育の場であると気づくのです。

これに気がついて初めてエゴをなくして、世のため人のために生きようと考えるのが「この世」のようです。

いまの世の中は、このように非常に回りくどく、面白くない構造になっています。だからわれわれで、もうちょっと簡単な世の中にしようではありませんか。第四章で述べたようにこれまで何回か人類は破滅を繰り返してきたようですが、今度こそエゴ、すなわち「地の理」を捨てて「天の理」の時代を迎え、一レベル上の星の人類になりたいものです。みなでやればできると思います。

すばらしい未来の到来を期待して、本書、本文のペンを置きます。

あとがき

本書は今日（二〇〇三年六月二十九日）再校を終えました。再校に当たり、もう一度、全文を読み直しました。各章ごとにこまぎれに原稿を書きましたので、多少ちぐはぐがありますが、いま最も伝えたいことがコンパクトに、この一冊にまとまりました。「まえがき」にも記しましたが、本書で述べられていることは一〇〇％の事実と、それを踏まえた私の仮説です。そのことをご認識の上、お読みいただけると幸せです。

ところで、本書でよく登場した森田健さんから、彼が発行する『不思議の友』の第十号に、「船井さんのことを載せます。これでいいですか？」と、六月二十五日に原稿が送られてきました。その中に、本書で書きたかったのですが、多くの読者には少し難しいと思い、書かなかったことがありました。それを、このあとがきで紹介したいと思います。森田さんの原稿の一部を以下に転載しますので、ぜひお読みください。

して無い
・疑似神界の存在は人間の愛が大好き
と書いてありました。

さてこの分類は私の書いた「いのちの世界」ととてもよく似ています。これは「フォーカス番号」等の情報提供者の私としては、とても嬉しいことです。

でも一つ、私の定義していない部分があります。

船井さんの表には一番右に「ウラ」と書かれた部分があり、そこにはただ「仙界」とだけ書かれています。

仙界はフォーカス番号に関係なく、上から下までを貫いているのです。

道教で教わったことは六爻占術を始めてからも色あせることはなく、一つの真理として私の前にあり、それを図にした船井さんはさすがだと思います。

船井さんは経営コンサルタントです。直感力研究会の出席者もほとんどが会社の社長です。

普通ならば
「売上を上げるぞ～エイエイオー！」

とやってもおかしくありません。しかしテキストにはそんなことは書かれていません。

船井さんは、私と同じく時空の謎に挑戦しています。

今回はもう一つ、訂正がありました。それは「真の原因の世界」が人間界から天界に上がったことです。

私も同感です。運命を変えるのは原因の世界にアクセスすることだと思いますが、それは人間界だけでは無いと思うからです。

船井さんは直感でそこまで到達するのがすごいと思いました。

船井さんとの初対談

私が船井さんと会ったのは七年も前のことです。

以来、私の著書には解説を書いていただき、講演会には呼んでいただき、交流はずいぶんとあったにも関わらず、雑誌での対談をしたことがありませんでした。

ですので対談での私の最初の言葉は
「船井さんと対談が出来て光栄です」

このあとに続く対談ですが、いきなり本流に入り、終わる直前まで本流を泳ぎます。

読むのは経営者だそうですが、ここまでぶっ飛んだ話を終始展開しても良いのでしょうか（笑）

船井さんは次のようにも言いました。

「この世の人はいま制約だらけの監獄の中のような生活を送っています。しかし、地球に生まれてきたのだから、ここがつまらない制約の監獄であっても、その監獄に居ながらにして楽しまなきゃいけません。楽しんでる間にそこから自由になる方法が見えてきます」


制約だらけの監獄の中のような生活という表現は直感力研究会でも使っています。

この表現は、真実を直視した表現だと思っています。

精神世界の人は逆のことを言います。「この美しい地球を」……とか。

でも美しいはずの地球でなぜこんなに苦労するのか、疑問に感じているはずです。

私は六爻占術という道具を手にし、そこから見ると、我々は制約だらけだと感じました。

しかし人は普通、結果からものを言います。この世はそんな監獄ではないという前提に立ち、監獄にしているのはあなた自身だと言います。

もしも本当に監獄なのに「美しかった」ら、その態度は真実を見ない態度です。

神坂さんも言っています。

「もしも未来が決まっているのなら、まずはそれを知ることから始めにゃなりません。それについてどうこうと評価するのは、そのあとの話です」

同感です。

そしてそれを実践しているのが船井さんです。

真実を知ろうとすれば、結果はいままでと違うものが出る可能性があります。

「あなたは言うことがコロコロ変わりますね」

人はこういう批判をされたくありません。だから一貫性を持ちたくて昔の考えを維持しようとします。

でも船井さんにはそれがありません。

対談をしていて私が得た最大の産物は、このことでした。


対談の内容に関しては、是非雑誌そのものを買って読んで欲しいです。

櫻井さんというブラックジャックを目指した医師も同席しています。

（注　対談とは、船井メディア刊の『F＊Ace』2003年６月号の中の対談についてのことです）

船井さんとの対談

直感力研究会

船井さんが主催する直感力研究会というところに講師として呼ばれました。一泊二日なので、船井さんの話も十分に聞けました。

場所はゼロ地場で有名な七沢荘です。休み時間に船井さんが気だけで相手を倒すという実演をやりました。相手に軽く触れるだけで相手はヨロヨロと倒れていきました。我こそはという人が何人も出てきて挑戦しましたが、そのほとんどの人を倒していました。私は初めて見ました。

船井さんの話

「直感力研究会テキスト」と書かれた冊子の船井さんの部には、のっけから

1. 人生は決まっているのか？

でした。そしてその下には大きく

・森田健さんの六爻占術は今のところ確率90%で当たる

と書いてありました。そしてその下には船井さんの考えが書いてありました。

2. 私の仮説

・80～85%の生涯は決まっている

・変えられる未来は15～20%

・0.6～1%は「地の理」を破れる可能性がある

・この世は「天の理」に従った真実の世界ではない。制約でがんじがらめにした監獄のような場。

まず注目すべきは「私の仮説」という文字です。

船井さんクラスの人になると「真実」とか「本当のこと」とかいう言葉を使いたがります。しかし「私の仮説」です。これはなかなか言える言葉ではないと思います。

「80～85%の生涯は決まっている、制約でがんじがらめにした監獄のような場」という表現もすごいと思いました。

普通は、世界は自由であり自分の願望を実現する場だというのが一般です。

私は六爻占術をやっていますから表記の「がんじがらめ」という表現は分かりますが、船井さんは六爻占術ではなく直感で知ったのです。それも私とほぼ同じ仮説を……。

次は

2. 地球をとりまく「世の中」の構造

	フォーカス	基本的な呼び名	オモテ	ウラ
神界	36以上	真の神界		
		未熟神界	擬似神界	
人間界	35	天界		
	28～34	霊界（五次元界）	（原因の世界）極楽界	
	27	生まれ変わり界		
	23～26	幽界（四次元界）	地獄界 魔界	仙界
	22	三次元結界		
	1～21	現界（三次元界）	（結果の世界）	

ここには左に「フォーカス」と書いてあり、私がモンロー研究所で付けた番号が書いてあります。三次元はフォーカス1～21で、現界と書かれています。そして「結果の世界」とも書かれています。

フォーカス27が生まれ変わり界です。

フォーカス28～34が霊界で五次元世界と書かれ、極楽界とも書かれています。この部分に関してはテキストには原因の世界と書かれていましたが、講演中に「真の原因の世界に通じる世界」という風に訂正していました。

フォーカス35が天界です。

ここまでが人間界です。

フォーカス36以上は二つに分かれていて、下が「未熟神界（疑似神界）」で上が「真の世界」であり、真の原因の世界だと言っていました。

その下に注意書きがあり

・天界以上では男女差無し。陰も陽も原則と私は、自らが主宰している「直感力研究会」や「本物研究会」では、知っていることを一〇〇％話しています。それは、この森田さんの文章でお分かりいただけると思います。ところが、いままでの著書などでは、知っていたり、書きたいことの五～十％くらいしか書いてきませんでした。立場上、書けなかったのです。ただし、本書では五十％くらいは書きました。これからは、知っていることの五十％以上を記した本を出していきたいと思っています。本書第三章「原因の世界と結果の世界」の文章と、森田さんの文章を比較してください。私のいったことがお分かりいただけると思います。

今年（二〇〇三年）三月二十八日、船井総研の代表取締役会長を退任し、同社では名誉会長になりました。その代わり、四月一日に㈱本物研究所（本店・熱海市）を創り取締役会長となり、六月二十五日に㈱船井メディアの取締役会長になりました。

これからは、主としてこの両社の経営者業を通して知っていることをできるだけ世の中に知らせ、特に「本物」の研究、開発、普及に努めたいと思っています。そのような立場になって、最初に書いた著書が本書でもあります。その点をご了解の上、本書をお読みください。

なお、今年十月四、五日に、新高輪プリンスホテルで第一回「船井幸雄・オープンワールド」を、本物研究所と船井メディア（電話03－5444－7011）の共催で行います。本書の内容をさらに具体的に、多くの人の目の前にお見せする会合です。よろしければ入場券を入手の上、ぜひお出でください。

最後に、本書では記述内容の正確さをチェックするため、私の友人の櫻庭雅文さん、松崎之貞さんのお二人に、リサーチなどいろいろなお手伝いをしていただきました。そのことを読者の皆様に報告すると同時に、お二人に心からお礼を申します。おかげさまで、良い本になりました。

読者の皆様のご活躍と人類の素晴らしい未来を確信して、ペンを置きます。

二〇〇三年六月二十九日

著者

●著者略歴

船井幸雄（ふない・ゆきお）

1933年大阪生まれ。1956年京都大学農学部農林経済学科卒業。

産業心理研究所研究員、日本マネジメント協会経営指導部長、理事を経て、1970年㈱日本マーケティングセンターを設立。1985年３月社名を㈱船井総合研究所に変更後、1988年株式上場。1990年会長となる。現在、約300人の経営専門家を擁するわが国でも最大級の経営コンサルタント会社のオーナーであり、現在同社の名誉会長。〝経営指導の神様〟といわれていて顧問先は約5100社に及ぶ。

著書に『時流は変わった』『波動で上手に生きる』『自分との対話』『21世紀は「クチコミ」と「自主性」の時代』『躾』『人の道』『これからは人財の時代』『経営のコツ』『本物時代の到来』『上手に正しく生きるコツ』『「個の活力」が未来を変える』『本物時代が幕をあけた』『超健康のコツ』『トリプル・トレンドから見た５年後』『食べる健康』『長所伸展の法則』他200冊を超える。

この世の役割は「人間塾」

2003年８月１日　１刷発行
2003年９月５日　２刷発行

著　者　船井幸雄
発行人　岩崎　旭
発行所　株式会社ビジネス社　http://www.business-sha.co.jp/
〒105-0014 東京都港区芝3-4-11（芝シティビル）
電話　03(5444)4761（代表）

編集協力/櫻庭雅文(エディックス)、松崎之貞　カバーデザイン/株式会社クエスト
カバー印刷/半七写真印刷工業株式会社　本文印刷・製本/株式会社廣済堂
〈編集担当〉瀬知洋司　〈営業担当〉山口健志

ISBN4-8284-1063-5

好評 ビジネス社の書籍

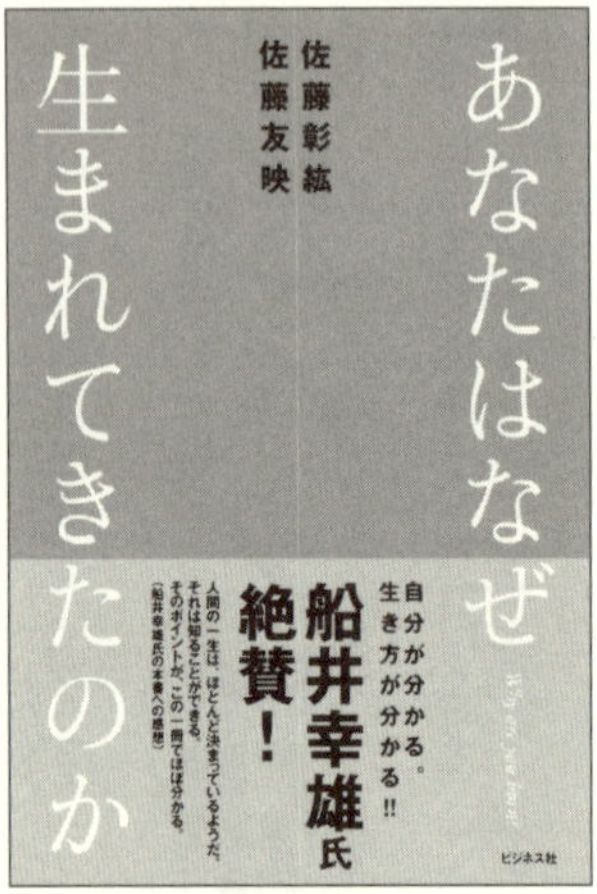

あなたはなぜ生まれてきたのか

佐藤彰紘　佐藤友映

起源占星学者、
ティルムルガン先生との
出会いがすべてを変えた！

- ●驚異の個人セッション
- ●起源占星学の誕生生チャート
- ●寿命に関する驚くべき予言
- ●兄弟、夫婦に関する予言
- ●財力をも見抜く驚き
- ●カルマの解消
- ●輪廻からの解放

ほか

四六ハードカバー　定価：本体1500円＋税